VIRGINDADE E CELIBATO, HOJE

Coleção Carisma e Missão

- A árvore da vida – Amedeo Cencini
- A pedagogia na formação: reflexões para formadores na vida religiosa – Jaldemir Vitório
- Integração comunitária do bem e do mal: "... como óleo perfumado..." – Amedeo Cencini
- O ministério da animação comunitária – Jaume Pujol i Bardolet
- O respiro da vida – Amedeo Cencini
- Os conselhos evangélicos na ótica da comunicação – Joana T. Puntel; A. Bastteti; F. Pratillo
- Pessoa e formação: reflexões para a prática educativa e psicoterapêutica – Alessandro Manenti; Stefano Guarinelli; Hans Zollner
- Vida fraterna: comunhão de santos e pecadores: "... como o orvalho do Hermon..." – Amedeo Cencini
- Virgindade e celibato, hoje: para uma sexualidade pascal – Amedeo Cencini

Amedeo Cencini

Virgindade e celibato, hoje

Para uma sexualidade pascal

3ª edição – 2012
6ª reimpressão – 2023

Dados Internacionais de Catalogação na Publicação (CIP)
(Câmara Brasileira do Livro, SP, Brasil)

Cencini, Amedeo
 Virgindade e celibato, hoje : para uma sexualidade pascal / Amedeo Cencini ; [tradução Joana da Cruz]. – 3. ed. – São Paulo : Paulinas, 2012. – (Coleção carisma e missão)

Título original: Verginitá e celibato oggi : per una sessualià pasquale
Bibliografia
ISBN 88-10-50830-0 (Ed. original)
ISBN 978-85-356-3123-4

1. Celibato - Igreja Católica 2. Igreja Católica - Clero - Comportamento sexual 3. Igreja Católica - Clero - Psicologia I. Título. II. Série..

09-10114   CDD-253.252

Índices para catálogo sistemático:
1. Celibato eclesiástico : Igreja Católica 253.252
2. Igreja Católica : Celibato eclesiástico 253.252

Citações bíblicas: *Bíblia Sagrada.* Tradução da CNBB, 7ª ed., 2008.

Título original: *Verginità e celibato oggi. Per una sessualità pasquale*
© 2005 Centro Editoriale Dehoniano, Bologna.
Edição brasileira efetuada com a intermediação da Agência Literária Eulama.

Direção-geral: *Flávia Reginatto*
Editora responsável: *Vera Ivanise Bombonatto*
Tradução: *Joana da Cruz, ocd*
Copidesque: *Maria Goretti de Oliveira*
Coordenação de revisão: *Marina Mendonça*
Revisão: *Ruth Mitzuie Kluska*
Direção de arte: *Irma Cipriani*
Gerente de produção: *Felício Calegaro Neto*
Capa: *Manuel Rebelato Miramontes*
Editoração eletrônica: *Sandra Regina Santana*

Nenhuma parte desta obra poderá ser reproduzida ou transmitida por qualquer forma e/ou quaisquer meios (eletrônico ou mecânico, incluindo fotocópia e gravação) ou arquivada em qualquer sistema ou banco de dados sem permissão escrita da Editora. Direitos reservados.

Paulinas
Rua Dona Inácia Uchoa, 62
04110-020 – São Paulo – SP (Brasil)
Tel.: (11) 2125-3500
http://www.paulinas.com.br – editora@paulinas.com.br
Telemarketing e SAC: 0800-7010081

© Pia Sociedade Filhas de São Paulo – São Paulo, 2009

À Irmã Alessandra Macajone, virgem sábia, que correu de noite ao encontro do Esposo com a lâmpada acesa, obrigado por ter-me dado do seu óleo.

PREFÁCIO

O livro do Padre Cencini refere-se à fé cristã em vários níveis, interpelando tanto o teólogo, como o psicólogo. O teólogo deve desenvolver a implicação do princípio cristológico da encarnação: *a carne é o eixo da salvação*;[1] e o psicólogo (que tem fé) tem a missão de recordar como a psique e a carne não podem ser salvas sem o Espírito de Deus.[2] Temos, então, as duas faces do desafio da virgindade: o chamado a encarnar o amor, a fim de que o mundo creia, mas o mundo deve crer no Espírito e não na carne.

A salvação cristã é isto: crer no amor e viver a salvação como amor. Por esta razão, é importante lembrar que aquilo que há de especificamente cristão na virgindade não é o fato de que essa seja uma virtude ascética, como outras religiões ou escolas filosóficas a praticaram, mas é a qualidade do amor que ela quer testemunhar e anunciar, um amor que é "memória das origens e profecia do futuro", como diz o Padre Amedeo (c. II).

---

[1] TERTULIANO. *De resurrectione carnis VIII*: PL 2,806.
[2] Cf. IRINEU DE LIÃO, *Adversus Haereses*, V, 9, 3.

Em outros termos: a vocação cristã é "da pessoa para a comunhão" no sacrifício do egoísmo que só a força do amor pode vencer. A comunhão, por sua vez, é o fruto da descida do Espírito Santo que cria novos céus e nova terra num corpo renovado à imagem do ressuscitado. Assim, ao consagrado é pedido que tome consciência do sentido da sua escolha e da sua promessa de virgindade no quadro de um chamado à "comunhão" e à "transfiguração", enquanto a qualquer fiel é pedido que tome consciência da esperança e do sentido da sexualidade no mandamento do amor que o Senhor deixou para todos. Uma explícita profissão de fé, no subtítulo do livro do Padre Cencini, dá o tom alto, e que para alguns poderá parecer um tanto ousado, da sua reflexão: *Para uma sexualidade pascal*.

Transmissão de fé, o livro, instrumento precioso para a formação inicial e permanente, escrito com o estilo da comunicação imediata, fácil, rápida, fresca, cheia de exemplos, de notas sugestivas, com pontas de ironia desmistificante, revela uma acentuada originalidade já na escolha da estrutura de cada capítulo. No início, está a Palavra de Deus a dar o tom geral ao determinado capítulo. Então, segue-se uma reflexão progressiva sobre o sentido da virgindade, sob cuja base, depois, é proposta uma avaliação a partir da experiência, ou seja, considerando os desafios, os insucessos e as superações que a história de cada um está carregada a este respeito. Por fim, há um estímulo particularmente importante, posto como conclusão de cada capítulo, sob a forma de citações qualificadas e oferecidas como propostas de leitura que retornam, de maneira iluminadora, ao tema tratado no capítulo. Poderíamos dizer que, deste modo, cada capítulo se conclui com uma pausa para olhar para trás e ver o caminho já percorrido e transmitido pelos Padres da Igreja do Oriente e do Ocidente, para proceder com cuidado no panorama dos testemunhos da literatura espiritual ou teológica e, enfim, para deixar o coração cantar a sua ferida ou a sua admiração na linguagem da poesia, a cúmplice mais frequente da mística. A originalidade deste livro sobre a virgindade é o seu perfume de testemunho e a alegria que sugere o estilo e a economia do texto. Um *leitmotiv* particularmente valorizado: não é a pureza do virgem que é importante, mas a bem-aventurança do virgem na sua pureza (c. V), porque, em caso contrário, este é o drama de tantos celibatários infecundos na sua escolha: a sua infelicidade. Há nesta afirmação um deslocamento significativo: do âmbito moral para o âmbito ontológico, do âmbito apologético para o âmbito estético.

Eis, então, que vem à mente aquilo que Pavel Florenski escreve a propósito da "castidade" (no vocabulário da vida monástica, equivalente a virgindade) que em russo se diz *tselomudrie,* palavra composta de dois termos: *tselo* (íntegra) e *mudrie* (sabedoria). Esta evocação ajuda a compreender que a castidade cristã diz respeito ao âmbito da pessoa, não do ponto de vista da sua sexualidade, mas na ótica da integridade da sabedoria à qual é chamada. *Tselomudrie* está a significar a unificação da pessoa em torno de um conhecimento de si e dos outros, da vida em geral, e de Deus, experiência amadurecida como uma bem-aventurança, a bem-aventurança dos puros de coração. Do lado oposto, o pecado é agnosia (não conhecimento) e desfragmentação (não unidade) que nos levam a viver dispersos, desorientados, esquizofrenicamente com vários centros e identidades, mas sem "um" coração, o órgão que indica o ponto mais íntimo e sólido da pessoa unificada no amor. A castidade, afirma Florenski, é então uma manifestação da sabedoria do coração e da beleza espiritual, "beleza ofuscante da pessoa luminosa". Não existe nada de mais belo do que uma pessoa que segue a Cristo no caminho da santidade, "nada de mais belo que uma pessoa que na obscuridade misteriosa da atividade interior conseguiu deter a torrente de lodo dos cuidados pecaminosos e, cheia de luz, revela em si a imagem de Deus resplandecente como uma pérola preciosa. [...] A finalidade da vida ascética é, por isso, a de perceber todo o criado na sua vitoriosa beleza originária. O Espírito Santo revela a si mesmo na capacidade de ver a beleza da criatura".[3] O Padre Amedeo afirma no final de seu livro que o virgem, enquanto se deixou formar pela beleza do Espírito, é artífice de beleza (cf. c. XI).

Eis ainda outra novidade na abordagem: falar da virgindade indicando-lhe não os vazios, mas os cheios. A virgindade procede de um amor acolhido e manifestado (não só por uma "renúncia"). Manifesta a presença eficaz de Deus no coração, na medida em que o cumula de vida divina e o esvazia de morte. A virgindade é relacional por natureza (c. XI) e, como tal, cria e implica um estilo de vida (não é só renúncia à família).

---

[3] FLORENSKIJ, P. *Colonna e fondamento della verità*, tr. it., Milano 1974, 140-141; 279; 370.

Diríamos com o Padre Cencini que a virgindade é criadora de uma certa cultura das relações, de uma certa postura em relação ao possuir, ao gerir bens e pessoas e o próprio corpo. Está em jogo a qualidade da vida: a virgindade aumenta a qualidade da vida (c. I) e das relações. Portanto, é força na ordem do Reino de Deus!

Uma afirmação deste gênero nos leva longe. Não existe nada na cultura cristã que possa ser considerado como uma particular escolha que diz respeito só a quem a ela se dedica. Se a virgindade não for vivida como bem-aventurança, é a própria vida relacional como tal que perderá força de testemunho evangélico, numa cultura que absolutiza o sexo no indivíduo, enquanto o esvazia na instabilidade da vida relacional. A virgindade "favorece a *qualidade* da vida: o gosto da beleza, o espírito de sobriedade, a elegância no trato, o culto da verdade, a eficácia do testemunho, a transparência contagiosa... Mas, é verdade também o oposto: uma virgindade de qualidade insuficiente (pobre de amor e de vida espiritual, feita só de renúncias e medos, ou aproximativa e ambígua) empobrece a vida e os relacionamentos, e é origem daqueles bem conhecidos e perigosos processos de compensação (abuso da comida, do álcool, do dinheiro, de poder, tendência de acumular as coisas, uso não correto dos meios de comunicação, necessidade excessiva de contatos e relações...) ou – em nível comunitário – daquele desleixo e descuido geral que, muitas vezes, torna a vida e, em particular, a vida em comum, sem cor; pesadas as relações, sinistros até os ambientes, inconsistente o testemunho, maçante a oração..." (c. I).

Todas as coisas materiais junto com o corpo humano atingem o cume de seu significado sacramental na liturgia, na qual se unem com o corpo de Cristo e formam um espaço de encontro, de união, entre criador e criado. Na liturgia da Igreja, o fim já é antecipado e os homens, desde agora, podem fazer a experiência do próprio corpo como corpo litúrgico, "como corpo que ressuscita na participação eucarística do Corpo do ressuscitado".[4] Da liturgia nos vem a mentalidade da Páscoa, a vida como Eucaristia, o estilo de vida de quem é agradecido, de quem sabe reconhecer os dons e dar louvor ao criador, de quem sabe transformar o criado em ambiente de vida a favor da comunhão. O homem não é um simples objeto desta transfiguração. É chamado, primeiro, a acolhê-la e, depois, a dar o seu contributo para que esta força que irradia da Eucaristia, de Cristo, possa chegar a abraçar o universo inteiro. Na liturgia e nos sacramentos em geral, os elementos do mundo "se tornam o corpo do Deus-homem e, por isso mesmo, fecundam de ressurreição o corpo dos homens".[5]

Profecia da ressurreição, a virgindade dos consagrados está ordenada à manifestação da vida nova, vida de ressuscitados: "embora conservando em seus corpos ressuscitados a masculinidade e a feminilidade, não tomarão nem mulher, nem marido, e isto se explica, não tanto com o fim da história, mas, sobretudo, com a autenticidade escatológica da resposta humana àquele comunicar-se de Deus que constitui a

---

[4] CLÉMENT, O. *Poesia e teologia del corpo*. Casale Monferrato, 1997. p. 26.
[5] Ibid. p. 33.

bem-aventurança, resposta à experiência do dom de si mesmo por parte de Deus, absolutamente superior a qualquer experiência humana terrena. A resposta do homem é doar-se a Deus".[6]

O movimento oposto à graça do dom é a corrupção da posse, quando o homem "multiplica os objetos possuídos", "não pode mais ver realmente um rosto de mulher, nem um corpo como rosto", "acaba por não ver mais... a inacessível beleza de uma pessoa".[7] Isto marca o fundo da tragédia da queda: quando até mesmo o rosto do outro se torna carne. O rosto que deveria ser "a sedimentação e a história do espírito".[8]

Não há outra motivação para os votos além da fé de que o amor é o verdadeiro "remédio" de salvação, de que o amor é o antídoto contra a corrupção do pecado que não nos deixa crer no amor de Deus e na nossa capacidade de nos amarmos uns aos outros com o mesmo amor com que Deus nos amou. A formação no passado acentuou por demais o aspecto da renúncia e da mortificação, como se bastasse abster-se de qualquer recurso à genitalidade para ser fiel ao voto de castidade. Hoje, somos convidados a testemunhar que a "virgindade significa o homem integrado no amor divino, que não necessita mais de nenhum símbolo erótico para experimentar o amor e crer nele. O homem virgem passa da necessidade de ser amado à convicção de que o é".[9]

---

[6] JOÃO PAULO II. *Uomo e donna lo creò*. Città del Vaticano, 1992. p. 270.
[7] CLÉMENT, O. *Riflessioni sull'uomo*. Milano, 1990. p. 46.
[8] MARTINI, C.M. *Sul corpo*. Milano, 2000. p. 38.
[9] AVERINCEV, S.; RUPNIK, M. *Adamo e il suo costato*. Roma, 1996. p. 37.

O livro do padre Cencini fala prevalentemente deste aspecto propositivo da virgindade e tem a coragem de dizer que "o desejo do virgem está também saciado". Mas, revela ainda o segredo (ou a condição) desta saciedade: "existe uma presença na sua história, Alguém que caminha à sua frente e com ele, é o mais belo entre os filhos dos homens" (c. VIII).

No esplendor desta beleza, quem tem ouvidos para ouvir, ouça!

Michelina Tenace
Professora de Teologia Dogmática da
Pontifícia Universidade Gregoriana, membro
permanente do Centro Aletti

INTRODUÇÃO

Este livro foi escrito por muitas pessoas: Padres da Igreja, autores modernos, tanto de espiritualidade como de ciências humanas, teólogos e até poetas, além de quem o assina (que não é nem poeta, nem teólogo).

Mas o escreveram também outros, desde jovens professores que segui e continuo a seguir no caminho da formação inicial, até sacerdotes e religiosos(as) que conheci nos encontros e congressos de formação permanente, na Itália e em outros lugares. Em particular, o escreveram presbíteros ou consagrados(as) que acompanhei nos momentos de crise, e especialmente de crise afetiva, pessoas que viviam, por vários motivos, o voto de castidade ou o empenho celibatário com muita fadiga e grande incômodo, como se fosse um peso, sempre mais insuportável. E isso a tal ponto que alguns deles decidiram deixar tudo e mudar de vida, enquanto outros, graças a Deus, redescobriram, pouco a pouco, o sabor e a beleza de uma consagração que passa através de um sacrifício que a muitos parece não natural e, para a maioria, impossível.

Todas estas pessoas deram de maneiras diferentes uma específica, embora implícita, contribuição à redação deste texto. Eu, levado pelo desejo de compreender um pouco melhor, somente agrupei e coordenei a reflexão teórica com a vivência experiencial, dando a cada um dos doze capítulos uma certa ordem de sucessão dos argumentos, cuja lógica – creio – mostra-se logo bastante evidente.

Cada capítulo inicia-se com um trecho da *Palavra* que, de alguma forma, oferece a inspiração fundamental ao próprio capítulo. Segue-se, então, *a minha reflexão,* com uma parte mais analítica e, depois, a proposta de estímulos teórico-espirituais com indicações psicopedagógicas, tiradas tanto do estudo, como da experiência. Neste ponto, pedi luzes ao magistério dos *Padres,* fonte segura de sabedoria humana e ciência inspirada, redescobrindo-os sempre mais, não sem certa surpresa do ponto de vista do psicólogo, como grandes conhecedores do nosso mundo interior e do seu mistério, dos expedientes e das contradições do coração humano. Em seguida, recorri também a trechos de *autores modernos,* alguns dos quais souberam combinar de modo convincente a realidade antropológica e teológica do amor em geral e do celibato por causa do Reino dos céus, em particular.

Cada capítulo, por fim, se conclui com um trecho *poético,* breve, às vezes semelhante a "brevíssimas brechas de luz mística", como os comenta V. Volpini, de um autor não muito conhecido (o frade capuchinho M. Peirano).[1] A escolha de fechar cada reflexão desta manei-

---

[1] Peirano, M. Piemontês de origem, vocação adulta com a bagagem de estudos técnicos, frade capuchinho da província das Marcas, falecido prematura-

ra está ligada à convicção de que a poesia é a *inteligência do amor*; com a poesia se podem dizer coisas indizíveis, atingir profundidades ou alturas que, de outro modo, seriam inacessíveis, ou exprimir sentimentos e estados de alma e imagens que a prosa... não saberia dizer. E virgindade e celibato são essencialmente poesia, ou pertencem à poesia da vida, àquela dimensão onde não funciona apenas a lógica exclusivamente racional e calculadora, onde aquilo que é loucura, fraco e impossível para o homem pode se tornar graça e manifestação divina.

Se uma virgindade não chega a ser poesia, ela é renúncia miserável.

O livro foi idealizado no interior de uma concepção unitária do caminho formativo religioso e presbiteral. Estamos convencidos de que haja, em suma, um único modelo de formação; ou, de alguma forma, uma relação entre o momento inicial e as fases existenciais ulteriores e que, portanto, tal modelo é aplicado nas diferentes estações segundo a astúcia e os ajustes que o inteligente educador de si mesmo adotará. O texto quer ser, de fato, um instrumento a serviço essencialmente da *formação permanente do mundo sacerdotal e da vida consagrada*.

Neste sentido, propõe, sobretudo, um *método* e não só conteúdos. Um método que consiste substancialmente naquela estrutura antes indicada, como uma or-

---

mente, foi poeta de instinto, que encontrou, de modo particular na poesia, o instrumento ideal para descrever o seu caminho interior e cantar a paixão do seu amor por Cristo. A coletânea de poesias à qual nos referiremos no final de cada capítulo se intitula *La via dell'amore* (Forlì, 1985). Às poesias citadas, permiti-me dar um título, normalmente tirado do próprio texto.

dem (um *ordo*) de reflexão pessoal, de avaliação constante e pontual que coloca em primeiro lugar a Palavra de Deus para deixar-se perscrutar por ela até as profundezas inconscientes da pessoa, também com o auxílio das ciências humanas, e à luz inspirada dos nossos irmãos mais velhos, os Padres – como já dissemos. Mas também à luz daqueles que viveram a mesma aventura da virgindade sobre esta terra. E, por fim, um método que se conclui com a "poesia virgem", como uma expressão orante-adorante.

Todo virgem ou celibatário deveria aprender este método – não pode haver outro – para viver sempre melhor a oferta do próprio corpo e da própria sexualidade ao Deus de amor. Os capítulos são doze; um por mês, ao longo de um percurso ideal que poderia durar um ano, um ano justamente de formação permanente da própria virgindade por causa do Reino dos céus. Ou, seja como for, um tempo côngruo de revisitação sistemática e de crescimento da própria opção virginal ou celibatária. Uma escolha como tal tem necessidade desta atenção constante e inteligente.

Por fim, o subtítulo. Para alguns poderá parecer um pouco estranho, quase irreverente, ou pelo menos, impróprio. Vamos explicá-lo percorrendo nosso caminho e, de modo particular, no capítulo que traz justamente esta mesma expressão: *sexualidade pascal*.[2] Por enquanto, basta-nos isso: a virgindade é antes de tudo sexualidade, não a sua negação, mas sexualidade que passou através do mistério da Páscoa, que... passou

---

[2] É o capítulo sétimo.

no exame pascal e foi "promovida", não mortificada – como, aliás, toda uma tradição de virgens continua a nos repetir.

A virgindade é sinal de "passagem".

Comentei anteriormente sobre as muitas pessoas que contribuíram para a redação deste livro. De modo especial, devo minha gratidão a duas delas. À professora Michelina Tenace, que teve a bondade de redigir o Prefácio e de rever e enriquecer a escolha dos trechos dos Padres, e à Irmã Rita Piccione, monja agostiniana, que teve a paciência de me ajudar na busca dos textos dos Padres e dos autores modernos.

Não foi por acaso que pedi ajuda a estas duas consagradas na virgindade. Michelina e Rita têm uma comunidade sobre seus ombros, respectivamente no Centro Aletti de Roma e no Eremitério agostiniano de Lecceto, comunidade de irmãos e irmãs à qual me liga não só a amizade, mas também a sintonia profunda e cordial que nasce da fé comum e da mesma consagração. Comunidade de virgens que anunciam a Páscoa do Senhor numa virgindade vivida como "sexualidade pascal"!

O Autor

I
SENTIDO DE UMA ESCOLHA

"Um dos escribas, que tinha ouvido a discussão, percebeu que Jesus dera uma boa resposta. Então aproximou-se dele e perguntou: 'Qual é o primeiro de todos os mandamentos?'. Jesus respondeu: 'O primeiro é este: Ouve, Israel! O Senhor nosso Deus é um só. Amarás o Senhor, teu Deus, de todo o teu coração, com toda a tua alma, com todo o teu entendimento e com toda a tua força!'. E o segundo mandamento é: 'Amarás teu próximo como a ti mesmo! Não existe outro mandamento maior do que estes'. O escriba disse a Jesus: 'Muito bem, Mestre! Na verdade, é como disseste: Ele é o único, e não existe outro além dele. Amar a Deus de todo o coração, com toda a mente e com toda a força, e amar o próximo como a si mesmo, isto supera todos os holocaustos e sacrifícios'. Percebendo Jesus que o escriba tinha respondido com inteligência, disse-lhe: 'Tu não estás longe do Reino de Deus'. E ninguém mais tinha coragem de fazer-lhe perguntas" (Mc 12,28-34).

Para algumas pessoas poderá parecer supérfluo, mas, talvez, seja o caso de reforçar o que significa ser virgem por causa do Reino, e sê-lo à luz do dom que recebemos do Espírito.

Se quisermos compreender o "como" (como viver quais pessoas maduras e livres no coração), devemos, antes, esclarecer o "quê" (que significa maturidade e liberdade afetiva), recordando bem que, a quem escolhe consagrar-se na castidade perfeita, é pedida não uma maturidade afetiva qualquer, mas aquela típica de quem recebeu como dom o carisma da virgindade por causa do Reino, pela Igreja e no mundo, e é chamado a vivê-lo segundo a vocação particular do instituto ao qual pertence, ou na qualidade de presbítero de uma Igreja local.

Neste sentido, uma maturidade afetiva de base é, de um lado, condição fundamental, como uma terra boa, para acolher um carisma; de outro, é a sua consequência, como um fruto.

Significado fundamental

Tentemos, então, em primeiro lugar, uma espécie de definição descritiva da virgindade por causa do Reino dos céus, sem nenhuma pretensão de conseguir expor todos os elementos que entram em jogo numa opção que, de qualquer forma, permanece envolta pelo mistério.

Ser virgem por causa do Reino enquanto consagrados(as) quer dizer:

> Amar a *Deus* acima de todas as criaturas
> (de todo o coração, de toda a alma
> e com todas as forças),
> para amar com o coração e a liberdade de Deus
> *cada criatura,*
> sem se ligar a nenhuma e sem excluir alguma
> (sem agir com os critérios eletivos-seletivos
> do amor humano),

ou melhor, amando em particular
quem é mais tentado a não se sentir amável ou, de fato, não é amado.

Experimentemos decompor os elementos mais significativos da proposta, tal como emergem desta tentativa de definição e, ainda, sem aprofundá-los.

Substância: o amor

A substância da opção virginal, o seu "coração" ou parte vital, é o amor. A escolha virginal consiste essencialmente no amor, inicia-se e se cumpre no amar, nasce da descoberta contemplativa-experiencial do amor e visa ao incremento da capacidade de querer bem. Não consiste primariamente na renúncia a instintos e tentações, tampouco no dizer não, consciente ou inconscientemente, à experiência de amar e de ser amado. Não há sequer uma pretensão subjetiva de perfeição na sua origem, ou uma exigência cultual; muito menos uma imposição externa (como poderia ser uma lei) ou interna (um condicionamento psíquico como, por exemplo, o medo do outro sexo). A virgindade é "feita" de amor, e é possível apenas como uma escolha ditada pelo amor.

Objeto: Deus e o pobre de amor

O objeto do amor virginal é Deus, com tudo aquilo que isto significa no plano da centralidade da experiência espiritual. Contudo, não somente Deus é objeto do amor virgem, mas também as criaturas, cada criatura e, em particular, os destinatários do apostolado específico do instituto, bem como, de modo geral, quem é mais pobre particularmente de amor ou mais tentado de não se sentir amável porque não é de fato amado. Neste sentido, se existe progressão a partir do amor de Deus, como um movimento concêntrico que se expande e atinge todo ser do qual nos aproximamos – até atingir aqueles que poderiam ser os mais distantes de Deus e da esperança de serem por ele amados –, não há rivalidade ou fratura entre amor divino e humano.

Em tal perspectiva, deve ser entendida a expressão paradoxal do padre Milani, dirigida aos rapazes aos quais dedicou sua vida: "Amei mais a vocês do que a Deus, mas tenho a esperança de que ele não dê atenção a estas sutilezas e tenha escrito tudo por sua conta"...[1]

Modalidade: a totalidade

A modalidade geral do amor virginal (condições em sentido positivo) é a totalidade, indicada pelas características dos dois amores (por Deus e pelo homem): Deus é amado, de fato, de todo o coração, de toda a mente e com toda a vontade; a criatura é amada de coração e com a liberdade de Deus, que é a plenitude e totalidade do amor. No entanto, o interessante é que se trata de uma totalidade cruzada no que diz respeito ao objeto, no sentido que aquele divino, Deus, é amado de coração e por um coração totalmente humano, en-

---

[1] *Non dimenticare il prete don Milani* (editorial não assinado). *Vita Pastorale* 7(1992)5.

quanto a criatura humana é amada com afeição divina, ou seja, sempre por um coração de carne, mas educado pela liberdade de Deus a amar com a sua largura, altura, intensidade... É clara a relação entre os dois amores: um, inevitavelmente, influencia o outro.

Por isso, o amor do virgem é um amor pleno, por causa do objeto amado e por causa da modalidade amante; totalmente humano e também divino, como totalmente humano e totalmente divino é o Cristo sofredor na cruz, cume extremo do amor virgem e da totalidade de tal amor: pelo Pai, amado acima de tudo, e pelo homem, distante de Deus com o pecado e, portanto, não amável e tentado pela tentação de não se sentir amado.

Condição: a renúncia

Qualquer escolha implica uma renúncia, como uma condição (condição em sentido negativo) diretamente ligada àquela escolha. A renúncia intencional do virgem é a de renunciar aos laços definitivos e exclusivos, com caráter totalizante, como seriam, por exemplo, o matrimônio ou uma relação por demais invasora e possessiva, exclusiva e excludente. Mas não só isso. Aliás, este aspecto é sabido e dado um pouco por certo, enquanto não se sublinha de modo suficiente a outra vertente da escolha. O virgem também escolhe não excluir ninguém! Em suma, ele renuncia a amar com os critérios da benevolência ou simpatia apenas humanas, que prefere um ou exclui outro com base no simples instinto, na espontânea atração, ou no interesse pessoal mais no que do alheio.

Colocando juntos os dois últimos pontos sublinhados (as condições no sentido positivo e no sentido negativo), dizemos que o(a) consagrado(a) virgem deve viver muitas relações, mas com um estilo particular, que reflita em termos claros a sua virgindade e manifeste, ao mesmo tempo, a centralidade da sua relação com Deus e a paixão por cada irmão e irmã. E isto, para além de qualquer postura unilateral e extrema: nem urso, nem borboletinha; nem fechado em si mesmo, nem na perpétua busca de apoios e compensações variadas; nem supermoralista a ponto de ver o mal por toda parte, mas tampouco ingênuo (ou esperto?) a ponto de se permitir tudo ou quase tudo...

Obviamente, voltaremos a todos estes elementos para aprofundá-los e ver seus aspectos práticos.

Para uma verificação inicial

Creio que este modo de entender a nossa virgindade por causa do Reino já nos oferece indicações precisas e motivos relevantes para uma compreensão em maior profundidade e para uma verificação da nossa maturidade afetiva em perspectiva virginal. É o que o presente volume pretende oferecer ao leitor. Agora já podemos propor estes estímulos.

Visão integral

Antes de tudo, para viver bem a nossa castidade é necessário ter presentes todos estes componentes. No que nos diz respeito, somos frequentemente presunçosos;

julgamos saber, temos por certo já ter compreendido tudo, ou pensamos que, com o passar do tempo, se entra na assim chamada "paz dos sentidos" (que não existe), ou nos tornamos tão sábios e realistas (?) a ponto de não pretender ter sempre uma grande paixão no coração (que, desta forma, desaparece verdadeiramente)... Esquecemo-nos de que a virgindade por causa Reino, se não se torna objeto de atenção constante (ou de formação permanente), transforma-se em fadiga impossível de viver ou em frustração permanente. E, formação permanente da opção de virgindade quer dizer "re-visitar" sem cessar estes componentes e mantê-los juntos, pois qualquer escolha, e muito mais uma como esta, só fica de pé e é possível se prevê e contém todos estes quatro elementos (substância, objeto, modalidade, condições), respeitando-os e colocando-os em ato, ou melhor, colhendo deles sempre novas sínteses e harmonias.

De forma mais concreta, formação permanente para a virgindade significa para nós:

- ligar o aspecto positivo da virgindade (a escolha de algo grande) com o negativo (a renúncia a algo que está profundamente enraizado na natureza humana e que é, em si mesmo, belo), ou a dimensão mística (= o amor recebido) com a ascética (= o amor doado): não é possível escolher sem renunciar, como, por outro lado, só se pode dizer "não" a alguma coisa bela em força de outra ainda mais bela;

- nunca separar, por um só instante, a paixão por Deus da paixão pelo homem: um confirma o outro e o sustenta. Do contrário, nenhum dos dois amores é credível;

- não ser assim tão superficial a ponto de pensar que se é virgem só porque não se faz nada contra a castidade, mesmo se não há um grande amor que impulsiona por dentro; nem ser tão legalista a ponto de reduzir o voto a uma série de obrigações a serem respeitadas e a transgressões a serem evitadas.

A virgindade não é algo circunscrito, que diz respeito a um determinado aspecto bem delimitado da vida da pessoa, mas é expressão de toda uma personalidade que escolheu um preciso estilo de vida; é um modo de pensar e desejar, de dar sentido à vida e à morte, de viver a relação e a solidão, de estar com Deus e com o próximo, de crer e esperar, de sofrer e ter compaixão, de fazer festa e trabalhar...

Perspectiva positiva e realista

Além disso, é importante ter uma percepção da opção celibatária que consiga ser positiva e inspirada na confiança, mas também objetiva e aderente à realidade.

Percepção positiva

Tudo parte, nesta escolha, da certeza de um grande amor do qual se foi e se é objeto. A virgindade é a escolha inevitável do fiel que se sente envolvido por um amor... incrível. A resposta a este amor é o dom total de si a ele, cheio de *gratidão* (por Deus amante, fonte do amor) e de *gratuidade* (para aqueles que são chamados a amar). De novo, mística e ascética ao mesmo tempo, sem nenhuma divisão.

É, portanto, uma perspectiva *positiva* aquela que está na origem desta opção de vida, opção *livre,* porque nasce da contemplação do amor; *necessária,* porque a descoberta de um amor excedente suscita, necessariamente, a exigência de se viver devotado a ele com totalidade. Por isso, o virgem vive a sua escolha com discrição e simplicidade, mas também com a consciência de não poder agir de outra maneira. Não se sente herói, nem superior a quem faz outra escolha, não vive a sua virgindade com aquela artificiosa seriedade, um tanto triste, um tanto orgulhosa, que o tornaria antipático. A escolha virginal – repetimos – é questão de amor e basta. "Não sou casada, porque assim escolhi na alegria quando era jovem. Queria ser toda de Deus" – desta forma se exprimia A. Tonelli, a missionária leiga trucidada na Somália.[2]

Percepção realista

Ao mesmo tempo, uma escolha como esta incide sobre um instinto profundamente enraizado na natureza humana, ou seja, pede *realisticamente* a renúncia ao exercício deste instinto, e é uma renúncia pesada, pois tal instinto atrai e faz parte de um desígnio de origem divina. Nenhum ser humano inteligente e normal pode pensar poder fazê-la com o coração leve e tranquilo. Tampouco pode subestimar aquela situação e sensação de *objetiva pobreza,* de algo de belo que vem a faltar, de

---
[2] CHIARO, M. Era pronta a dare la vita. *Testimoni* 18(2003)2.

uma parte da própria humanidade que não se realiza, determinada inevitavelmente pela virgindade, em nível de relação humana. Ninguém pode ter a ilusão que com o passar do tempo a renúncia fique sempre mais fácil e julgar que não tenha necessidade de uma constante e precisa ascese, permitindo-se certas liberdades. Dizendo concretamente: "quem crê que pode ler tudo, escutar tudo, ver tudo, quem se recusa a dominar a própria imaginação e suas necessidades afetivas, não deve se empenhar no caminho da consagração... Deus não poderia permanecer-lhe fiel, nem se pode exigir que Deus estabeleça para ele uma salvaguarda milagrosa".[3]

Ao contrário, "não existe liberdade autenticamente humana – afirma Rahner – sem decisão. No entanto, esta comporta a *renúncia* a algumas possibilidades em *favor daquilo que se escolheu,* mas que somente assim, mediante a escolha, se torna possibilidade efetiva da vida e, enquanto tal, permite até mesmo um relacionamento positivo com as possibilidades sacrificadas, melhor do que quanto não é dado àquele que quer ter *tudo* e, por isso, *não se decide nunca* e, portanto, não pega nada *realmente*".[4]

Consequentemente, a percepção *realista* da renúncia implicada no celibato – especifica com sutileza, ainda o grande teólogo – significa a consciência de que a renúncia não é exclusiva do consagrado, quase uma pena, mas é parte integrante da experiência existencial univer-

---

[3] ANCEL, A. Apud. PELLEGRINO, M. *Castità e celibato sacerdotale*. Torino-Leumann, 1989. pp. 22-23.
[4] RAHNER, K. *Lettera aperta sul celibato*. Brescia, 1967. p. 18.

sal, dado que "ao longo do rio da vida, zarpa-se apenas uma vez no mesmo lugar". Mas – ao mesmo tempo – "a renúncia feita realmente dá outro igual conhecimento da experiência daquilo a que se renunciou. Ou, talvez de maneira mais clara: realizou-se uma experiência que é tão grande quanto a experiência à qual se renunciou".[5] Esta é a vertente *positiva* da renúncia celibatária, que não impede ao virgem de auferir o sentido e beleza, a alma secreta e o respirar profundo da vocação conjugal.

Qualidade de vida e de testemunho

É só um certo estilo de vida que consente compreender e viver a virgindade; por outra parte, a virgindade aumenta a qualidade da vida.

De fato, de um lado, a virgindade requer determinado nível de empenho geral no âmbito *espiritual,* como experiência do amor divino, de adesão que crê, de fidelidade orante, de treino à contemplação..., mas também, no plano de maturidade *humana,* de abertura ao outro e à relação, de autonomia afetiva e de capacidade de solidão, de calor humano e afeto desinteressado. A virgindade não suporta a mediocridade. E, de outro lado, nada como esta opção, vivida na fidelidade apaixonada, favorece a *qualidade* da vida: o gosto da beleza, o espírito de sobriedade, a elegância no trato, o culto da verdade, a eficácia do testemunho, a transparência contagiosa...

Mas, é verdade também o oposto: uma virgindade de qualidade insuficiente (pobre de amor e de vida es-

---

[5] Ibid., pp. 20s.

piritual, feita só de renúncias e medos, ou aproximativa e ambígua) empobrece a vida e os relacionamentos, e é origem daqueles bem conhecidos e perigosos processos de compensação (abuso da comida, do álcool, do dinheiro, de poder, tendência de acumular as coisas, uso não correto dos meios de comunicação, necessidade excessiva de contatos e relações...) ou – em nível comunitário – daquele desleixo e descuido geral que, muitas vezes, torna a vida e, em particular, a vida em comum, sem cor; pesadas as relações; sinistros até os ambientes; inconsistente o testemunho; maçante a oração... Retomaremos esta temática.

Exigência imprescindível

Tudo quanto foi dito até aqui, e em geral um argumento como este do celibato ou da virgindade, poderia parecer absolutamente exclusivo, e voltado só para os clássicos "incumbidos destes ofícios". Na verdade, assume uma particular importância para todos, neste momento difícil e também exaltante da história, em vários níveis. Existe uma crise de insignificância ou de frustração do sentido que investe também contra aquilo que está no centro da escolha virginal: o amor. Na atual babel cultural, o jovem, em particular, não sabe mais o que quer dizer amar, deixar-se querer bem, acolher o outro, ou então é induzido a pensar que certos termos (fidelidade, renúncia, gratuidade, castidade e ainda mais virgindade) não têm mais nenhum sentido hoje.

Num clima de subtração e encobrimento dos normais meios educativos, quem recebeu o dom de ser celibatário por amor é chamado a redescobrir a sua vocação natural ao ministério da educação, em sentido lato, não só enquanto mestre, mas, sobretudo, enquanto *testemunha,* testemunha de uma virgindade solar na sua luminosidade e radicalidade, de uma virgindade vivida como dom que preenche a vida, que leva à plena maturação a vocação ao amor e que torna o virgem semelhante ao Filho crucificado, como ele enamorado de Deus e apaixonado pelo homem, até o dom radical de si.

Dom que é por sua natureza partilhado para que Deus seja o centro de todo amor.

Espiritualidade patrística

Amo o criador

"Amo o Criador. [...] Cessem, então, de me fascinar as coisas destinadas a morrer, calem-se o ouro e a prata, não me atraia o esplendor das joias, calem-se, enfim, as seduções desta luz terrena...

Tenho uma voz mais clara à qual desejo seguir, capaz de me comover mais, de me excitar mais, de inflamar-me com um ardor mais íntimo.

Não escuto o estrépito das coisas terrenas...

Cale-se o ouro, cale-se a prata, calem-se todas as demais coisas deste mundo".

(AGOSTINHO, *Discursos,* 65/A,4.)

Sem medida

"Por maior que seja o teu amor por Deus, nunca o amarás por demais. A medida de amar a Deus é amá-lo sem medida. Amá-lo com todo o coração, com toda a alma, com toda a mente, porque, mais do que desta maneira, não o podes. O que tens a mais para amar ao teu Deus do que a ti mesmo?

Não temas que, não deixando para ti mesmo nada com que te amar, venhas a perder. Não perdes porque, amando a Deus com todo o teu ser, vens a te encontrar lá onde não se perde. Antes, se voltares o teu amor por ele para ti, não mais estarás nele, mas em ti; e assim, perecerás, vindo a te encontrares em quem é destinado a perecer. Se não queres perecer, permanece naquele que não pode perecer.

Isto, a força da caridade alcança; isto, o fogo do amor obtém".

(AGOSTINHO, *Novos Discursos,* Dolbeau, 11,9.)

Ligado somente a ele

"O matrimônio é selo de um afeto inquebrantável, [...] aqueles que na carne se unem compõem uma só alma e, com o seu mútuo amor, juntos afilam o expoente da fé, pois o matrimônio não afasta de Deus, mas tanto mais aproxima porque para Ele mesmo nos impele.

A isso responde o virgem: 'A estima desta vida, eu a deixo aos outros. Mas, para mim, só há uma lei, um pensamento: que, pleno de amor divino, eu parta daqui rumo ao Deus que reina no céu, o Criador da luz. [...] Somente a ele estou ligado no amor'."

(GREGÓRIO DE NAZIANZENO. *Sobre a virgindade,* Poemas dogmáticos: PG 37, pp. 537-555.)

Numa gota... todo o oceano

"Vejo e possuo a Deus? Que me dizes? Como se dá? Escuta, e pensa num oceano imenso e em toda a água do mar. Se estás diante do oceano, à beira-mar, me dirás, na verdade, que vês as águas, mesmo se não vês todo o oceano. Pois, como poderias vê-lo inteiramente, uma vez que a sua imensidade é incompreensível para as tuas mãos e para os teus olhos? Então, tu, mesmo se vês tanto quanto a tua vista te permite, vês, na verdade, o próprio oceano, ainda que não o vejas inteiramente. E a água que tu reténs entre as mãos, reúne em si todo o abismo do oceano. A água que tens entre as mãos não é outra água senão aquela do próprio oceano. E assim, como naquela gota tens todo o oceano, do mesmo modo, embora sendo pobre, tens dentro de ti a maior riqueza (de luz divina). E sendo pobre, descubro-me rico; estando saciado, me sinto faminto; enquanto bebo, sinto minha sede mais ardente".

(SIMEÃO, O NOVO TEÓLOGO, *Hinos 23:* SC 174 (197), p. 208.)

Espiritualidade moderna
O Deus ciumento

"Como provarei a Deus o meu amor?

Dando-me a ele do íntimo do coração, de tal maneira que nenhum outro amor nunca habite aí.

Neste sentido, Deus é ciumento, não é ciumento das nossas amizades; antes, as favorece. Mas é ciumento daquele dom particular do coração que é o amor, e que é total e exclusivo por natureza.

Daí, o valor da virgindade corporal como sinal da integridade do coração."

(MARITAIN, J. (ed.). *Diario di Raissa Maritain*. Brescia, 1981, p. 157.)

O Deus único

"'O nosso Deus é único'.

Muitos deuses dividem o coração do homem e o seu culto; o único Deus exige a indivisa totalidade do coração humano com todas as suas forças. Por isso, entre a exigência de amor por parte de Deus e o coração humano não se dá nenhum dualismo: não é como se o coração estivesse dentro e o mandamento viesse de fora ou de cima, mas estas 'palavras que obrigam' o homem 'devem estar escritas no teu coração'. Em outros termos: o amor a Deus exige, a partir de dentro, todo o coração e toda a sua força."

(VON BALTHASAR, H. U. *Luce della Parola*. Casale Monferrato, 1990, p. 246.)

Fidelidade à escolha

"Pertence à vida a decisão de avançar por caminhos que não poderão mais ser repercorridos em sentido contrário, e o grande prodígio da liberdade entusiasta e gratuita chega à sua peculiar realização apenas na forma sóbria do dever, da fidelidade e da constância até o fim. Aquilo que foi recebido como graça deve ser sempre ainda merecido na fé, da mesma maneira que

O impulso sexual deve se tornar amor que, sem fidelidade – melhor: sem fidelidade *arduamente conquistada* – ainda não é amor. [...] Fica categórico que a dureza cruel e, justamente por isso, grandiosa da vida não permite o diletantismo do sempre provisório e do empenho válido até a retratação contrária. Toda escolha é uma decisão para um futuro que nunca pode ser calculado e controlado. Isto vale para o matrimônio, para a profissão e para todas as outras decisões importantes da vida. Por que não deve ser assim também para o celibato? Por que um homem de 28 ou 35 anos – se a idade de ordenação dever ser esta – não deve saber assumir sem possibilidade de voltar atrás, na confiança do Evangelho, uma forma determinada de vida? Ele não sabe por quais abismos, crises, derrotas, estados de desespero e de solidão o caminho conduz. Pode também acontecer que, logo depois de ter tomado a decisão ou aos 40, 50, 60 anos, de repente, se depare com a mulher que pode aparecer como a última e a única alegria da vida. Mas, já se escolheu; seguir-se-á em frente e se permanecerá fiel à própria vocação e à própria missão, porque se quer ser fiel e porque o "fantástico" da vida eterna e do amor de Deus, da confissão da cruz de Cristo, deve ser realizado, no seu caso, justamente *assim.*

Até mesmo a derrota nesta fidelidade – exatamente como no caso do matrimônio – confirma a dignidade dela, e dela não se livra como de uma coisa sem sentido. Na vida, pode e deve existir a decisão com o sentido do *uma vez por todas,* a qual leva ao imprevisto e a qual nunca poderá ser *"re-experimentada".* Sem a fé, sem a aceitação da incompreensível loucura da cruz, sem a obediência cega de Abraão e sem a oração não se vai para frente. [...] Quem quer ser conduzido pela graça de Deus sem se sacrificar e sem empenhar a fundo a própria pessoa, este jamais saberá que também os caminhos inexplorados rumo ao desconhecido chegam à meta."

(RAHNER, K. *Lettera aperta sul celibato*. Brescia, 1967, pp. 24-26.)

Poesia virgem
Viver sem Ti

Viver sem Ti
agora que estás em mim
agora que és a vida
me é impossível.
Tudo é Tu
e eu estou no tudo.[6]

---

[6] PEIRANO, M. *La via dell'amore*. Forlì, 1985. p. 39.

II
O DOM DA VIRGINDADE

❋

"Há diversidade de dons, mas o Espírito é o mesmo. Há diversidade de ministérios, mas o Senhor é o mesmo. Há diferentes atividades, mas é o mesmo Deus que realiza tudo em todos. A cada um é dada a manifestação do Espírito em vista do bem de todos" (1Cor 12,4-7).

Fomos todos formados segundo uma ideia muito clara a este respeito: a virgindade[1] por causa do Rei-

---

[1] Com relação ao uso do termo "virgindade", estou consciente da interpretação redutiva com que, muitas vezes, é entendido. Recorda-o de maneira oportuna Boisvert: "O termo 'virgindade' desapareceu da maior parte das Constituições gerais. Sendo o adjetivo 'virgem' dificilmente utilizado num contexto masculino, os primeiros séculos definiram os homens, sobretudo, como ascetas, e os institutos religiosos masculinos praticamente nunca inseriram esta palavra em suas legislações. Num contexto feminino, o termo, que hoje se busca reabilitar, tem pelo menos o inconveniente de acentuar o aspecto fisiológico da realidade, mais que uma postura de fé, o dom total de si a Deus. Hoje, o seu uso corre o risco de criar uma discriminação entre as pessoas que conservaram a sua virgindade física e aquelas, numerosas no nosso ambiente, que tiveram relações sexuais no matrimônio, ou fora dele, e que escolheram se empenhar na vida religiosa" (L. BOISVERT, *Vivere la differenza;* Senso e contenuto dei voti religiosi. Bologna, 2004. pp. 43-44. Neste sentido, cf. também E. BIANCHI, *Non siamo migliori.* Magnano, 2002. p. 65). Francamente, não julgo que a motivação para não aconselhar o uso do termo seja assim tão forte e convincente, mas me parece que o sentido místico e altamente espiritual para o qual remete seja uma boa razão para preferi-lo ao termo celibato (que, de *per si*, é um conceito sociológico-anagráfico, e está a indicar somente uma situação exterior, ademais, negativa, de vida), ou, em extremo, para usá-lo junto com este, tal como farei no presente texto. Agrada-me citar aqui o que diz Torre

no dos céus é um dom particular que Deus concede a alguns para testemunhar a todos a superioridade do amor divino sobre o humano e para indicar profeticamente aquele estado futuro que representará o modo de ser no Reino de Deus. Segundo tal perspectiva, a virgindade é uma vocação extraordinária que só a alguns é dado entender, como uma "exceção sociológica", que muitas vezes acaba por ser julgada pela maioria das pessoas como uma escolha muito estranha, ou até mesmo como uma causa da atual crise vocacional.

Não há nenhuma dúvida que tal vocação, como todo chamado, seja algo de especial e misterioso, mas, talvez, seja possível outra interpretação que lhe coloque numa evidência ainda melhor a natureza de dom e de dom vindo do alto.

Dom para todos

Um carisma, como bem sabemos, é um dom que Deus concede a um fiel para o bem de todos, "para a edificação da igreja" (1Cor 14,12). Neste sentido, o virgem é totalmente livre para dedicar-se de modo pleno ao serviço do povo de Deus e ao anúncio da Boa-Nova. Mas, não

---

Medina sobre tal assunto: "Muito se falou da virgindade feminina, intacta ou recuperada. Mas existe também uma virgindade, intacta ou recuperada, do homem. Talvez, com um menor caráter instintivo e mais como fruto de um caminho formativo, menos espontânea e mais sofrida, menos clara e mais pudica – de um singular pudor – mas igualmente misteriosa e terna, cheia de poder e eficácia... A virgindade de uma mulher é a fecundidade dos campos; a do homem é a força criadora do vento e da água sobre a terra" (TORRE MEDINA, F. *Ni soltero, ni esteril, ni sin amor*. México, 2001. p. 26).

se trata só disso, de uma utilidade comum funcional, de tempo e energias. A virgindade testemunhada pelo celibatário por causa do Reino é dom para todos porque indica, de algum modo, *a vocação de todos*. Ou, como disse São Cipriano, a virgindade revela "a integridade, a santidade e a verdade" do ser humano.[2] Virgindade, de fato, não significa ausência-abstinência de relações, mas capacidade-qualidade de relações, a partir daquela que está na origem da vida humana: a relação com Deus. Virgindade cristã quer dizer *possibilidade de um relacionamento imediato (= sem mediações) da criatura com o criador*, possibilidade profundamente enraizada em nós, expressão da natureza humana. Ou, mais precisamente,

> a virgindade é expressão *da origem* do homem,
> criado por Deus,
> e, portanto, também da sua *destinação* final,
> que é o próprio Deus.
> Ela revela aquele *ligame profundo e misterioso*
> que une *diretamente*
> *cada* ser humano àquele que o criou,
> fazendo-lhe buscar e encontrar somente nele
> a *plena saciedade* de sua necessidade de amor.
>
> A primeira e última esponsalidade do homem
> é com Deus,
> e esta é virgindade,
> *virgindade esponsal como vocação universal*.

Busquemos compreender melhor o que isto pode significar para o nosso modo de entender e, depois, de

---

[2] CIPRIANO, *Tratado sobre a reserva das virgens*, 3-4, 22.23: CSEL 3, pp. 189-190.202-204.

testemunhar algo que hoje é sempre mais difícil propor como credível.[3]

Vocação universal

No fundo, poderíamos afirmar, por mais paradoxal e excessivo que possa parecer, que *todo homem já é virgem e o é chamado a ser* ou a viver uma determinada virgindade, mesmo se, seguramente, de acordo com a especificidade da sua vocação. Isto não no sentido que deva abster-se de uma certa relação, mas porque deve compreender que no seu coração, como naquele do outro e de todo ser humano, existe um espaço que apenas o amor de Deus pode preencher, ou existe uma solidão insuprimível que nenhuma criatura poderá violar e pretender preencher.[4]

É justamente este o mistério do ser humano, a sua nobreza e dignidade! O seu coração é feito "por Deus" e, portanto, "para Deus", possui uma grandeza que lhe vem diretamente daquele que o fez. Movemo-nos dentro da lógica agostiniana do "nosso coração que está inquieto até que repouse em ti".

Deus origem e fim de todo amor

Se a virgindade é memória das origens e profecia do futuro, ela não pode ser reduzida à pura caracterís-

---

[3] Sobre o tema da virgindade como vocação universal, cf. A. CENCINE, *Un Dio da amare;* La vocazione per tutti alla verginità. Milano, 2002.
[4] Assim Ravasi: "Também os cônjuges cristãos deveriam ter na sua existência matrimonial uma semente de virgindade, entendida não como mera abstinência sexual, mas como desejo de doação pura e absoluta pelo Reino de Deus e a sua justiça" (RAVASI, G. Gesù, single per vocazione. *Jesus,* X[2002]90).

tica de um estado vocacional, nem significa imediata e exclusivamente uma escolha explícita de vida feita só por alguns. Ainda antes, ela significa a descoberta de que Deus é origem e fim de todo amor; que todas as vezes que um ser ama ali Deus está presente ou é o verdadeiro objeto do amor, mesmo se aquele ser não o sabe ou o exclui, porque o *amor é sempre amor de Deus* (assim como todo desejo é, na raiz, desejo de Deus), e, dado que Deus *é* amor, ele está no início e no fim desse, e quem ama "nasceu de Deus e conhece a Deus" (1Jo 4,7).

É bem este o sentido da história do jovem estudante universitário – educado, no devido tempo, na fé – que voltou para sua cidade durante as férias. O rapaz tinha aprendido alguma coisa sobre Freud. Encontrou na praça o seu pároco. Os tempos do catecismo estavam distantes. Depois de alguns cumprimentos, o ex-coroinha, agora também ex-fiel, com ares altivos, lança-lhe ali a grande descoberta: "Caro padre, não se iluda: as pessoas que vão à sua igreja não vão por causa da fé, mas por causa da sublimação do impulso sexual. O senhor o sabia?".

O velho pároco não se descompõe. Freud, ainda que famoso, ele não o conhece, e também o termo "sublimação" não lhe soa familiar, mas sabe alguma coisa da alma humana, dos seus desejos e das suas contradições. Com muita calma, então, lhe rebate: "Quanto a mim, você sabe o que lhe digo? Que quando você bate à porta de um bordel, pensa que está buscando a carne de uma mulher e, no fundo, está buscando a Deus".

Aquele espaço do coração a ser respeitado

Se isto é verdade, qualquer afeto terreno que queira permanecer para sempre e ser intenso tem todo o interesse em dar lugar, de alguma maneira, a Deus e ao amor divino, em deixar o centro para ele. Quer dizer que amor divino e humano não estão em conflito entre si, quase como se um excluísse o outro. Entre eles, não existe inveja e ciúmes, mas, ao contrário, Deus salva o amor do homem, a tal ponto que o afeto humano, também aquele mais feliz, conjugal ou paterno-materno ou, ainda, de amizade, *é tanto mais amor quanto mais é "virginal".* Ou seja: é tanto mais benevolência humana quanto mais aprende a respeitar aquele espaço e aquela ligação direta para com o criador, quanto mais não violenta aquela solidão onde todo ser humano está em relação direta e imediata (sem mediações) com o eternamente amante, quanto mais não pretende saciar definitivamente a sede de amor do outro, nem ser dele saciado, pois apenas Deus pode responder em plenitude à sede humana de amor.

E se verdadeiramente o homem quer amar muito, para sempre e com liberdade o seu semelhante, deve acolher o amor de Deus em si, para deixar-se amar por ele e amá-lo, e não ter tanta necessidade de sobrecarregar a relação humana de responsabilidades excessivas ou expectativas fora do real ("Você *tem* que saciar a minha necessidade afetiva"), com todo aquele séquito de ciúmes, dependências, infantilismos, rápidas pertenças, fidelidades fracas e tudo o mais que leva a comprometer a relação humana privada de referência transcendente.

A responsabilidade do virgem

O que até aqui foi dito é verdade, e nós o cremos porque parte de um desígnio antropológico que procede da fé, mas que parece por demais ideal e muito distante da realidade em que estamos vivendo, da cultura que os nossos jovens respiram, da proposta que todos os dias recebem dos *mass-media* em matéria de sexo e das coisas a ele relacionadas. Experimentemos lhes dizer que "todo homem é virgem e o é chamado a ser", e nos olharão com um olho estranho, meio zombeteiro e meio arrogante, como se olha para alguém que parece surgir de uma outra época e de um outro mundo com relação ao atual no qual, de virgem, parece que sobrou bem pouca coisa além do óleo de oliva e de uma espécie de lã pura. Reconheçamos também que a virgindade, e esta interpretação da virgindade, é uma *verdade fraca na cultura hodierna* (mesmo se, certamente, não só na de hoje), sem voz e sufocada pela babel atual de vozes, e privada de "poder contratual".

Dizer isso não significa, de modo algum, concluir que seja impossível propor a própria verdade. Tudo isso sobrecarrega de particular responsabilidade o testemunho e a qualidade do testemunho que o virgem deve dar da sua escolha. As verdades fracas (ou que assim foram transformadas pelo contexto sociocultural), de fato, não podem ser transmitidas só com as palavras e os raciocínios, mas vivendo-as, mostrando-lhes o sentido com a vida, quase tornando-as fortes com o testemunho e convincentes com a coerência.

Verdade fraca, escolha forte

Antes, para sermos mais precisos, uma verdade fraca como esta, para ser crida ou tomada em consideração, hoje como ontem, tem necessidade de ser proclamada de modo "forte", com um testemunho que, de alguma maneira, chegue ao extremo, e que "afirme" o primado de Deus no amor humano com uma escolha radical, com a renúncia ao amor, embora muitíssimo desejado, de uma criatura que seja sua para sempre. Eis por que na Igreja de Deus é importante a escolha virginal, não para que alguns possam tender mais rapidamente à sua perfeição (atenção: existe também o egoísmo espiritual!), mas para "recordar" a todos a vocação de todos, para fazer memória do dom e do mistério que está presente no coração de todo ser vivente, para não esquecer as possibilidades impensadas deste coração, para que não continuem a ser ignoradas e aviltadas e, de fato, não cridas e abortadas...

Precisamente neste sentido se pode entender a expressão de Madeleine Delbrel: "O celibato é uma função de amor vivida em nome do mundo inteiro".[5] De outro lado, Berdiaev nos admoesta: "Não devemos aspirar apenas à nossa salvação pessoal, mas à transfiguração do universo", e o próprio desejo da salvação universal "é uma manifestação de amor".[6]

---

[5] DELBREL, M. *Comunità secondo il Vangelo*. Brescia, 1976. p. 110.
[6] BERDIAEV, N. *Spirito e libertà*. Milano, 1947. pp. 444-445.

Tudo isso, porém, se torna possível somente sob uma condição importantíssima e diretamente consequencial.

Testemunho límpido e inequivocável

Se de fato a virgindade é verdade fraca que não possui outra força além do testemunho de quem a escolheu, então, é indispensável que *a mensagem seja nítida e sem nenhuma dispersão, clara e sem nenhum compromisso,* imediatamente legível e perceptível como alguma coisa bela e que sacia, como algo plenamente humano e, também, em função da realização humana, escolhida e abraçada para toda a vida e com todo o coração. Do contrário, se a mensagem já parte pouco clara e pouco límpida, com o vírus de algum equívoco contaminante ou de alguma ambiguidade comportamental, então não pode – é lógico – chegar à destinação, nem transmitir uma verdade já fraca na cultura atual. Justamente a debilidade cultural da virgindade como vocação universal no atual contexto social exige com insistência, para além de todo moralismo, a nitidez da escolha e a coerência da renúncia por parte de quem a abraçou como estilo e projeto e vida.

Então, não se trata tanto simplesmente de ser fiel aos próprios votos, mesmo se em vista da própria perfeição, quanto de sentir-se *responsável* por uma mensagem (e da verdade nela contida) que pode ser transmitida somente através do próprio testemunho, linear e transparente, mas que, em cada caso, é comunicado porque diz respeito ao bem e à verdade dos outros.

Esta preocupação que responsabiliza com relação ao bem dos outros é, sem dúvida, mais exigente e rigorosa do que qualquer moralismo ou perfeccionismo acerca do próprio comportamento nesta matéria. Dela procede aquela atenção consciensiosa para que todo gesto, palavra, atitude, estilo comportamental, relação interpessoal ou de amizade, testemunhe a centralidade e unicidade do amor de Deus em nossa vida, com a renúncia que dela deriva, ou seja capaz de narrar, na incerta fragilidade do amor terreno, a solidez e a ternura do amor eterno.

Alternativa resoluta

A esta altura, então, não temos outra escolha: a qualidade da virgindade, a sua atualidade e força profética dependem de uma escolha de significado que toca a cada um fazer.

Dom a ser compartilhado ou propriedade privada

Antes de mais nada, trata-se de nos perguntarmos se temos esta *ideia* de virgindade, como *dom a ser compartilhado,* ou se ainda preferimos pensar no voto de castidade dentro de uma ótica finalizada à nossa perfeição privada, como algo que pertencesse exclusivamente a nós. De modo mais concreto, verifiquemos:

- se, talvez, *sequestramos* a ideia de virgindade, tornando-a algo estranho e improvável;
- se nos *apropriamos* dela, tornando-a indecifrável;

- se, sutilmente, nos *vangloriamos* dela, talvez, tornando-a antipática e com ares de convencimento;

- se, muitas vezes, a *suportamos* com pouca alegria e insuficiente amor, tornando-a pouco humana e ainda menos desejável, quase como se fosse uma desventura;

- se nos *envergonhamos* dela, seja quando não soubemos explicar "as razões da nossa esperança", seja quando nos camuflamos, por demais preocupados em nos parecer como os outros;

- se nos contentamos em *defendê-la* do mundo tentador, escondendo-a debaixo da terra (cf. Mt 25,25) ou dentro de um lenço (cf. Lc 19,20), ao invés de partilhá-la.

Pode ser que, no final da vida, o Senhor nos venha perguntar não só se "observamos" a virgindade, mas se a fizemos contagiosa, fonte de verdade para os outros, significativa para todos...

Educadores para a virgindade ou virgens fingidos

Se a virgindade é entendida na linha indicada nesta reflexão, o virgem se torna automaticamente *educador para a virgindade,* porque não pode pensar apenas na sua, mas deve se encarregar daquele projeto de virgindade que diz respeito a todos.

De maneira concreta, devemos, então, nos perguntar o quanto fomos e somos capazes de oferecer, sobretudo aos jovens, os trajetos possíveis de maturação afetiva, nos quais também a perspectiva virginal consiga encontrar o seu lugar; ou se, pelo contrário, nunca falamos sobre isso porque:

- temos *medo* de propô-la aos nossos jovens;
- não sabemos encontrar palavras *adequadas* e nos sentimos *embaraçados* para falar de virgindade;
- julgamo-la uma batalha *perdida desde o início ou desigual;*
- tememos ser considerados *não suficientemente modernos* e não compreendidos ou que alguém nos deixe ali;
- sussurramo-la só *às escondidas* e só *para alguns.*

Na realidade, *não há nada mais impuro do que o silêncio do virgem diante da virgindade!* E se existe crise vocacional, ela é determinada pelo celibato ou pelo silêncio sobre ele?[7] Dizendo de outro modo: uma espiritualidade que não se torna pedagogia, ou que não possa ser comunicada também aos outros e por eles compartilhada, é uma espiritualidade falsa.

Se, então, o virgem é naturalmente educador para a virgindade, será preciso ser muito sincero sobre o grau de convicção-consciência a este respeito e so-

---

[7] Há anos, em preparação para um congresso do Centro Nacional de Vocações sobre a virgindade e o seu valor vocacional, consultei cerca de trinta projetos vocacionais diocesanos. Com amarga surpresa, descobri que nenhum deles, substancialmente, falava sobre ela, como se o argumento fosse considerado privado de valor vocacional ou, até mesmo, negativo no plano da atração vocacional. Cf. A. CENCINI, *O fascínio sempre novo da virgindade*; Deixando um silêncio "impuro" e buscando uma jovial coragem. 2. ed. São Paulo: Paulinas, 2002).

bre o consequente sentido de responsabilidade. O ser educador é para todos um grande desafio e oportunidade, mas também o "teste" que nos faz logo compreender o nível e a qualidade da nossa virgindade: se estamos enamorados dela, e então a tornamos amável e convincente, ou se estamos preocupados apenas com a nossa observância, e então somos virgens fingidos, incapazes de falar da virgindade e fazê-la amar.

Celibato vivível ou invivível

Testemunhar a virgindade, para que também os outros lhe sintam o fascínio e sejam "virgens", ajuda a viver melhor a própria castidade com as renúncias que exige. É o tradicional princípio psicológico, segundo o qual aquilo que se faz só e sobretudo *para si mesmo* (ainda que em si mesmo bom) se torna também mais difícil do que aquilo que é obrigatório para viver bem, e torna-se ainda mais pesado e complicado.

Pelo contrário, quando o empenho pessoal está finalizado *ao bem do outro* (e eu me sinto chamado a viver a minha virgindade *para os outros*), aquele mesmo empenho se torna muito mais possível e vivível, e a renúncia, suportável.

Num plano mais elevado, o testemunho é a confirmação da virgindade como carisma: só quem a respeita na sua natureza de dom recebido para o bem e a felicidade dos outros pode vivê-la serenamente e gozá-la como uma bem-aventurança. Caso contrário, a virgindade é só uma penitência, penosa de viver e de cuidar.

Talvez seja também isso que explica a excessiva tensão, em algumas pessoas, para viver o celibato, tensão frustrante que tira a paz e complica a vida, ou faz com que ela seja sentida como um peso tão grande a ponto de levar estes "cansados e oprimidos" (cf. Mt 11,28) a buscar, aqui e ali, compensações variadas, sem nunca serem felizes.

Sensíveis ou descuidados

Existe outra diferença verdadeiramente discriminante entre estes dois modos de entender a virgindade: voltado para o outro ou voltado sobre si.

- O primeiro é típico do virgem que está atento aos outros e à sensibilidade deles. Leva em conta o ambiente e a mentalidade do lugar onde se encontra; não se permitem todas as liberdades com a desculpa de que para ele tudo está bem e tudo é lícito; interroga-se sobre as reações ou expectativas que o seu estilo comportamental-relacional suscita nas pessoas e, em particular, em algumas pessoas; sente-se, de algum modo, *responsável* por elas e está disposto a se autoesquadrinhar e reconhecer suas eventuais imprudências ou modos equívocos; sofre se criou mal-estar.

- O segundo, pelo contrário, que vê o virgem ligado à velha ideia do celibato como simples instrumento de perfeição pessoal, dará muito menos relevo a tudo isso. Para quem vive a virgindade deste modo, é menos importante a vertente do outro. Aquilo que lhe importa é estar bem dentro de si mesmo e justificar-se em todos os casos. E, de fato, se justifica, também quando parece brincar com os sentimentos dos outros, com desculpas tão repetitivas quanto irresponsáveis: "Não fiz nada de mal; é ela que tem o problema, eu não sinto nada; são as más interpretações das costumeiras más línguas; são os outros(as) que são ciumentos(as); não se pode ver o mal por toda parte e, depois, não sou um pedaço de gelo, também tenho minha humanidade".

Desculpas da arca da velha; velhas como a própria virgindade que está perdendo todo frescor e entusiasmo juvenil e não tem nada para dizer e para dar.

Espiritualidade patrística
Coração inquieto

"... Fizeste-nos para ti, e inquieto está o nosso coração, enquanto não repousa em ti."
(AGOSTINHO, *Confissões* I,1.1.)

Só tu

"Sabes como o teu Criador te honrou acima de toda criatura. O céu não é uma imagem de Deus, nem a lua, nem o sol, nem a beleza dos astros, nem nada daquilo que se pode ver no criado. Só tu foste feito imagem da realidade que supera toda inteligência, semelhança da beleza incorruptível, marca da verdadeira divindade, receptáculo da bem-aventurança, sinete da verdadeira luz. Quando te voltas para ele, tu te tornas aquilo que ele mesmo é. [...] Não existe nada de tão grande entre os seres que possa ser comparado à tua grandeza. Deus pode medir o céu inteiro com o seu palmo. A terra e o mar estão encerrados na palma de sua mão. E, todavia, a ele que é tão grande e contém todo o criado na palma de sua mão, a ele tu és capaz de conter, ele mora em ti e não julga apertado mover-se dentro do teu ser, ele que disse: 'Eu habitarei no meio deles e andarei entre eles' (2Cor 6,16)."

(GREGÓRIO DE NISSA. *Homilias sobre o Cântico dos Cânticos*. 2: PG 44, p. 765.)

Espiritualidade moderna
Deus, o nosso tudo

"A profecia da virgindade, longe de se voltar contra os casados, é feita, pelo contrário, antes de tudo, para eles, em favor deles. A eles recorda que o matrimônio é santo, é belo, é criado por Deus e redimido por Cristo, é imagem das núpcias entre Cristo e a Igreja, mas... não é tudo. É uma estrutura ligada a este mundo e, por isso, transitória. Não existirá mais quando não mais existir a morte... Aos casados, a virgindade recorda o primado do espírito e de Deus. Recorda que Deus nos fez para ele e que, como decorrência disso, o nosso coração estará sempre 'insatisfeito' até que não encontre repouso nele. Recorda também que não se pode fazer do cônjuge, do matrimônio e da família o ídolo ao qual sacrificar tudo e todos, uma espécie de absoluto na vida. [...] E como o primeiro a sofrer com esta indevida absolutização é justamente o matrimônio, que é como que esmagado por estas expectativas desproporcionadas às quais jamais poderá satisfazer, eis por que digo que a virgindade vem em socorro dos esposos. Ela liberta o matrimônio – e a cada um dos dois cônjuges – do peso insuportável de ter de ser o Tudo e ocupar o lugar de Deus. [...]

Num certo sentido, podemos dizer que o estado mais 'natural' do homem é justamente a virgindade, pois nós não somos chamados a viver num eterno relacionamento de casal, mas a viver num eterno relacionamento com Deus. Deus, não um *partner* humano, é destinado a ser para sempre o nosso 'tudo' (cf. 1Cor 15,28)."

(CANTALAMESSA, R. *Verginità*. Milano, 1988, pp. 20-21, 24-25.)

Significado esponsal do corpo

"Se bem que a continência 'por causa do Reino dos céus' se identifique com a renúncia ao matrimônio... não se pode, de modo algum, ver nela uma negação do valor essencial do matrimônio. Antes, ao contrário, a continência serve, de modo indireto, *para colocar em relevo* aquilo que na vocação conjugal é perene e mais profundamente pessoal, aquilo que nas dimensões da temporalidade ... *corresponde à dignidade do dom pessoal,* coligado ao significado esponsal do corpo na sua masculinidade ou feminilidade."

(JOÃO PAULO II, *Verginitá o celibato per il regno dei cieli,* V ciclo di catechesi alle udienze generali, Milano, 1982, pp. 40-41.)

O ainda não

"Os monges são aquelas pessoas que, no momento culminante de uma alegre festa, sentem-se irresistivelmente atraídos a ir para fora na noite, porque compreendem que estas festas são apenas uma pregustação da festa de Deus que deve chegar [...].[8] Num corpo que vive a continência e que é casto, numa carne que aceita não se entregar na espera da grande comunhão, numa situação de *xeniteia* em que se é estrangeiro e peregrino, alguns – tanto homens, como mulheres – dizem que este mundo com todo o seu cenário tem um fim, da mesma forma como teve um início, e que este fim está em Deus, na plenitude de comunhão com Aquele que nós denominamos Ágape, Amor... Renunciar voluntariamente à realização histórica representada pela paternidade e pela maternidade no seu "dar espaço a gerações"... significa afirmar a própria esperança numa plenitude de vida para além da história, para além da própria genitalidade, para além da, embora boa, vicissitude amorosa sexual. Neste sentido, o celibato cristão revela não só a possibilidade, mas também a essência da *fraternidade,* vértice da comunhão cristã, a ponto de constituir uma memória para os esposos: antes de serem pessoas que se amam ou cônjuges, eles são irmãos e irmãs, espiritualmente, na fé... Sem menosprezar a pobreza e o aspecto de insuficiência dos homens e mulheres que vivem um seguimento marcado também pelo celibato, este permanece, justamente porque vi-

---

[8] BIANCHI, E. Il monaco, nel deserto di fronte alla città. *Avvenire,* 28/7/1995, 15.

vido na carne, uma afirmação forte, na Igreja e diante dos homens, do 'ainda não' que atravessa a humanidade e a criação inteira."

(BIANCHI, E. Indagine sulla castità necessaria. *Avvenire*, 20/1/1996, 20.)

Um dom não para mim, mas para todos

"Não sou mais um rapazinho qualquer que pode fazer estas coisas,[9] tenho responsabilidades. A vocação é algo mais do que estar num determinado lugar, vestindo um determinado tipo de hábito. *Há muitas pessoas no mundo contando com o fato de que eu aprofunde seriamente a dimensão interior da experiência que eles desejam e que lhes está fechada.* Ao contrário, para mim, ela não está fechada: *é um dom que me foi feito não para mim mesmo, mas para todos,* inclusive para M.[10] Não posso deixar que isso seja estragado e dissipado estupidamente. Se o fizesse, seria um criminoso. Afinal, além de mim mesmo, arruinaria também a ela...".

(MERTON, T. *Scrivere è pensare, vivere, pregare. Un'autobiografia attraverso i diari*. Torino, 2001, p. 368.)

Tensão natural

"O tema da virgindade está ligado ao tema do amor, sobretudo porque, não a Igreja ou as Igrejas particula-

---

[9] T. Merton se refere, aqui, à crise afetiva vivida quando já era um monge com mais de 50 anos.
[10] Trata-se da pessoa (uma enfermeira que cuidou de Merton durante uma recuperação no hospital) pela qual o famoso monge sentiu uma forte atração.

res, mas as almas individualmente são convidadas ao amor e devem responder ao amor de Deus...

O homem deve responder a Deus com um amor exclusivo, total. A lei do amor coloca o homem na necessidade de uma escolha. A vida cristã, enquanto é cumprimento daquela lei, tende *naturalmente* à virgindade com a sua condição, como à expressão do amor perfeito. Ao invés de ser uma renúncia ao amor, a virgindade é o ato deste amor..."

(BARSOTTI, D. *La rivelazione dell'amore.* Firenze, 1955, p. 439.)

Poesia virgem
O manto da alma

O manto da Tua alma
envolve a minha
num abraço
como nunca aparências humanas
fizeram.
Tu em mim
eu em Ti
em cada canto do mundo.
Tu vives
todas as vezes que um ser
ama.[11]

---

[11] PEIRANO, M. *La via*, p. 17.

III

SEXUALIDADE: MISTÉRIO E VOCAÇÃO

❄

"**D**eus disse: 'Façamos o ser humano à nossa imagem e segundo nossa semelhança, para que domine sobre os peixes do mar, as aves do céu, os animais domésticos, todos os animais selvagens e todos os animais que se movem pelo chão. Deus criou o ser humano à sua imagem, à imagem de Deus ele o criou: homem e mulher ele os criou. E Deus os abençoou e lhes disse: 'Sede fecundos e multiplicai-vos, enchei a terra e submetei-a! Dominai sobre os peixes do mar, as aves do céu e todos os animais que se movem pelo chão'. E Deus viu tudo quanto havia feito, e era muito bom" (Gn 1,26-28.31).

Depois de ter delineado em grandes linhas o sentido geral da opção de virgindade por causa do Reino, busquemos um pouco desarticular os vários elementos que entram em jogo nesta escolha. Façamo-lo a partir do dado humano, a sexualidade, que é como que a matéria-prima de tal escolha. A virgindade é um modo preciso de viver a própria realidade sexual, não um álibi para negá-la ou contorná-la. Melhor: não seria sequer possível uma virgindade assexuada. Mas, de que sexualidade falamos? Tentemos dar-lhe uma descrição.

De um lado, a sexualidade "é uma das mais fortes e maravilhosas energias da pessoa humana";[1] de outro, ela é cifra do mistério humano, lugar de contraposição e recomposição dos extremos.[2] Eis alguns destes pontos extremos.

- A sexualidade é, acima de tudo, *parte da criação* e, se procede de Deus, não pode ser lida nem de um modo banal, nem, muito menos, de uma maneira negativa. Ao mesmo tempo, é algo profundamente enraizado *na humanidade* da pessoa, como um seu modo de ser e sentir, de manifestar-se e de se comunicar com o outro, de exprimir e viver o amor. É belo que seja as duas coisas!

- A ideia de sexualidade evoca, no imaginário coletivo, a ideia de uma *força improgramada e improgramável*, livre e solta de qualquer norma e ligame, criativa e completamente sugestiva.

---

[1] SERRA, A. Sessualità, scienza, sapienza, società. *La Civiltà Cattolica,* 3687(2004), p. 220.

[2] O termo "mistério" é entendido aqui como categoria interpretativa do real, como aquele ponto central e sem extensão que permite manter juntas polaridades aparentemente contrapostas, como são, na vida humana, o perder-se e o encontrar-se, o si mesmo e o outro, o limite e o infinito, o dar e o receber..., reconhecendo em cada uma delas uma parte de verdade e somente na sua unificação a verdade inteira (Cf. F. IMODA, *Sviluppo umano.* Psicologia e mistero. Casale Monferrato, 1993, p. 338). O mistério se degrada em problema ou enigma quando as polaridades se contrapõem ao infinito, ficando divididas. O mistério é luminoso, justamente porque ponto de encontro de energias diversas; também, excessivamente luminoso (e, exatamente por isso, não se pode compreendê-lo logo), enquanto o enigma é tenebroso. Pelo mesmo motivo, o mistério é rico de calor, quando, pelo contrário, o enigma é frio e glacial; o primeiro é amigo, comunica-se com o homem e quer deixar-se conhecer, enquanto o segundo é hostil e fugidio (Cf. A. CENCINI, *Nell'amore;* Libertà e maturità affetiva nel celibato consacrato. Bolonha, 1997. pp. 10-11).

Na realidade, a sexualidade tem uma fisionomia precisa. Então, possui também suas leis e como que um códice interno (uma *ordem*), que consente tender para um fim exato, mas ao longo de um percurso de formação em que cada um é responsável e livre de aderir. Uma autêntica sexualidade é conjuntamente energia espontânea e ordenada.

- Outra ambivalência a reconduzir à unidade: a sexualidade suscita a *consciência do limite* e da radical *pobreza humana*. É isso que permite sentir a necessidade do outro e faz reconhecer o dom já recebido, mas, juntamente, é *riqueza de energia,* que capacita a pessoa a encontrar o outro, no pleno respeito da diversidade, e a fazer-lhe dom de si. Pobreza e riqueza recíprocas dos dois companheiros tornam *fecundo* o relacionamento, ou encontram síntese na fertilidade da relação.

- A fecundidade do relacionamento se realiza sempre no interior de uma certa *tensão dialética,* particularmente viva na sexualidade, entre egoísmo e oblação, entre busca da própria recompensa e tensão de transcendência. Muitas vezes a sexualidade é o lugar onde a mais sedutora das tentações se encontra com a mais alta das aspirações. Tal tensão não é eliminável, é parte de um caminho de santidade. Todos os santos conheceram muito bem os abismos da tentação![3]

---

[3] Assim, a *Imitação de Cristo:* "... para muitos é melhor não estarem inteiramente livres de tentações; convém, ao contrário, que sejam, amiúde, delas combatidos, a fim de que não confiem, demasiadamente, em si mesmos, nem se

Todas estas ambivalências se recompõem em torno da seguinte síntese:[4]

> a sexualidade é uma invenção divina
> para encarnar o amor,
> para suscitar no mais profundo da criatura
> as condições para o dom criador.

Como de costume, procuraremos explicar a partir desta descrição os elementos mais significativos.

Origem: dom divino

Antes de qualquer coisa, é importante – e, de modo algum, é inútil – reforçar a origem divina da sexualidade. Não porque existam dúvidas na teoria, mas para reagir contra certa tendência depreciativa ou não suficientemente capaz de suscitar estima com relação a ela, em particular nos nossos ambientes, como se a sexualidade fosse algo menos nobre e impuro, ou opcional e secundário.

Mas "existe, por acaso, uma parte do nosso corpo que não é santa? O que temos que não recebemos do Amor que move o sol e as estrelas?".[5] "A sexualidade é graça"[6] que está a afirmar a semelhança da criatura com o criador, ou é parte de tal mistério: "até na sexualidade, compreendida inclusive a função genital, o

---

   exaltem com a soberba, nem tampouco busquem com ânsia as consolações exteriores" (*Imitação de Cristo*, I, 20).
[4] BASTAIRE, J. *Eros redento*. Magnano, 1991, p. 59.
[5] Ibid., p. 44.
[6] Ibid.

homem é concebido à imagem e semelhança divina"; a sua carne brota do Espírito".[7] A sexualidade é, portanto, fundamentalmente bela, boa e abençoada (cf. Gn 1,27),[8] é "a linguagem mais forte que dois seres podem trocar entre si",[9] é a melhor coisa inventada pelo Criador, conforme li não me recordo onde.

Nós nos cremos emancipados a este respeito, mas como estamos longe do sentido teológico da sexualidade tão evidente ao antigo fiel. "Todo pensamento com referência ao sexo despertava no semita o pensamento de Deus, perdendo de imediato aquela tosca sensualidade que bem conhecemos, e sem se negar, fundava-se sobre a percepção do divino".[10]

A circuncisão era sinal evidente de uma pertença a Deus que "marca" o corpo – tanto esta pertença é real –, e o marca justamente na sexualidade, a sua parte mais vital.

Características: centralidade e invasão

Na geografia do nosso mundo interior, a sexualidade ocupa exatamente um lugar *central, que a coloca em relação com todas as outras áreas* da nossa personalidade. A centralidade é tal que estas duas singulares situações se poderão criar:

---

[7] Ibid. 29,13.
[8] Cf. CONSELHO PONTIFÍCIO PARA A FAMÍLIA. *Sexualidade humana:* verdade e significado. Orientações educativas em família. Roma, 1996, p. 11.
[9] CLÉMENT, O. Quello amore "a geometria variabile". *Avvenire* 5/5/2003, p. 21.
[10] ROZANOV. Apud. BASTAIRE, *Eros,* p. 8.

Conflito sexual com raízes não sexuais

Um problema surgido numa área qualquer, por exemplo, naquela das relações interpessoais, mais cedo ou mais tarde, influirá na sexualidade da pessoa. Assim também, uma dificuldade na vida espiritual – como pode ser um declínio na oração – inevitavelmente terá reflexos sobre o modo de viver a própria sexualidade (e o celibato, como consequência).

Teremos, assim, *um conflito na aparência sexual com raízes não sexuais,* num sujeito consciente do conflito, mas muitas vezes não de suas raízes.

Conflito não sexual com raízes sexuais

Mas, é de se esperar também o contrário: uma sexualidade perturbada não pode deixar de perturbar, por sua vez, o modo de se relacionar com os outros e com Deus do celibatário, bem como outros aspectos da sua vida, desde a sobriedade no uso das coisas até a liberdade do dom de si.

Em tal caso, *o conflito na aparência não sexual teria raízes sexuais.* Também neste caso viria muitas vezes a faltar a consciência profunda do sujeito.

De um lado, então, a sexualidade faz as vezes de caixa de ressonância dos problemas pessoais surgidos em outras partes; de outro, ela se esconde, camuflando-se sob falsas aparências: *esconde e se esconde,* é invadida e invade. Justamente por isso, a sexualidade é como um *termômetro* que mede a maturidade geral da pessoa; indica eventualmente a febre, mesmo se nem sempre lhe determina a origem.

Interpretações dos conflitos

Eis por que se deve ser sempre muito cauto quando se interpretam condutas e dificuldades sexuais. É importante saber, de fato, que na grande maioria das crises afetivo-sexuais de pessoas consagradas *não há uma motivação afetivo-sexual na origem,* mas algum outro problema que, não notado devida e tempestivamente, acabou por se camuflar na área afetivo-sexual, alojando-se justo ali, ou tornando progressivamente difícil e, talvez, impossível a vida como virgem ou a observância da castidade.

É na raiz do problema que se deve intervir, e não só (e, via de regra, inutilmente) sobre suas consequências. Seria de igual modo ingênuo e descabido, anacrônico e anticientífico, em tais casos, atribuir a causa de todos os "ais" dos sacerdotes e religiosos ao celibato eclesiástico. Equivaleria a ignorar as características agora recordadas da sexualidade, para depois indicar terapias e remédios errados e improdutivos.

Componentes: do genital ao espiritual

Hoje, são sobretudo os sexólogos que recomendam ter uma percepção *global* da sexualidade, evitando reduções, seja a partir do baixo (sexo como instinto e nada mais), seja a partir do alto (a pretensão de espiritualizar tudo).

Misteriosa veritas

Sempre a sexologia nos explica que a sexualidade é "feita" de:

- *genitalidade:* de órgãos predispostos para a *relação* e para a *relação fecunda,* que já afirmam a capacidade receptiva e oblativa do ser humano, além daquela unitiva-relacional;

- *corporeidade:* o corpo é sexuado em todas as suas partes e dotado de uma precisa identidade de gênero (masculino ou feminino); tal pertença está na base da atração de um sexo pelo outro, mas também da capacidade de relação com o *outro-além-de-si;*

- *afetividade:* a sexualidade adquire verdadeira qualidade humana somente se orientada, elevada e integrada *pelo amor;* cresce e se realiza só na liberdade de acolher o amor e de fazer dom de si;[11]

- *espiritualidade:* a sexualidade é também espírito, espírito como síntese dos extremos e capacidade de leitura destes componentes para acolher-lhes uma *misteriosa veritas,* aquela verdade da vida humana que se torna evidente, de modo particular, justamente nela, que está inscrita no corpo. O corpo sexuado, enquanto "testemunha do amor como de um dom fundamental";[12]

- revela *o homem,* o seu proceder *de um outro* e o seu ir *para um outro,* o seu núcleo radicalmente dialógico;

---

[11] Cf. CONGREGAÇÃO PARA A EDUCAÇÃO CATÓLICA. *Orientações educativas sobre o amor humano;* Linhas Gerais para uma educação sexual. Roma, 1983, n. 6.
[12] JOÃO PAULO II, "Audiência Geral 9 de janeiro de 1980". In: *Insegnamenti di Giovanni Paolo II,* Roma, 1980, III-I, 90, n. 4.

- ajuda a compreender *o sentido da vida,* dom recebido que tende, por sua natureza, a se tornar dom doado;[13]

- "contribui para revelar Deus e *o seu amor criador*",[14] que amou o homem até fazê-lo capaz de um amor doador de vida, que o torna semelhante a si. O corpo é "a primeira mensagem de Deus ao próprio homem",[15] como uma espécie de "primordial sacramento, entendido qual sinal que transmite eficazmente no mundo visível o mistério invisível, escondido em Deus desde a eternidade".[16]

Parece sintetizar de modo admirável, pelo menos alguns destes elementos, a expressão poética de John Donne, que vê no corpo "o livro do amor":

> Aos corpos então nos voltemos, que os fracos
> possam contemplar revelado o amor:
> os mistérios do amor crescem nas almas
> mas o nosso corpo é o livro do amor.

Por fim, em suma, também a análise da sexualidade nos recorda que o homem é criado por Deus como um *ser compacto,* cujos diversos elementos contribuem para torná-lo um ser absolutamente original (nem anjo, nem animal); e, se cabe ao espírito ler e dar um sentido ao elemento genital, tal sentido já está "escrito" na genitalidade e, portanto, na própria sexualidade.

---

[13] Cf. PONTIFÍCIO CONSELHO PARA A FAMÍLIA. *Sexualidade humana,* n. 12.
[14] CONGREGAÇÃO PARA A EDUCAÇÃO CATÓLICA. *Orientações,* n. 23.
[15] Ibid., n. 22.
[16] JOÃO PAULO II, *Insegnamenti di Giovanni Paolo II.* Roma, 1980, III-I, 430, n. 4.

"Carnal e espiritual, longe de se oporem, formam-se reciprocamente";[17] "o corpo se ilumina pelo espírito e vice-versa".[18] Mas, tudo em função do amor.

Ordo sexualitatis

"O sexo procede da alma que o exprime",[19] recebe, então, sentido a partir do coração pensante, mas segundo uma preexistente *ordo sexualitatis*.[20] E, se de um lado "a carne é floração do espírito",[21] o carnal, por sua vez, pode e deve encontrar a própria função de sacramento do espiritual, de lugar onde aquela *ordo* é reconhecível, talvez o seu primeiro sinal, que se deve aprender a captar para além dos preconceitos um pouco maniqueístas e míopes ou estrabismos variados, mas, também, para além daquele egoísmo "desordenado" e cego que revira de cabeça para baixo qualquer *ordo* ou que, de fato, não a vê.

Não basta, então, para o celibatário, concluir (de modo sutilmente depreciativo e, talvez, para... consolar-se) que o exercício da genitalidade não é essencial para a integridade humana. É preciso também que aprenda a descobrir na sua carne e em todo impulso da

---

[17] THÉVENOT, X. Prefazione a LACROIX, X. *Il corpo di carne;* La dimensione etica, estetica e spirituale dall'amore. Bologna, 1996, p. 5.
[18] DONI, R. *Altare vuoto.* Firenze, 1989. p. 157.
[19] BASTAIRE, op. cit., p. 19.
[20] Sobre a *ordo sexualitatis* em relação à *ordo amoris* (e, depois, à *ordo virginitatis)*, cf. A. CENCINI, *Quando la carne è debole;* Il discernimento vocazionale di fronte alle immaturità e patologie dello sviluppo affettivo-sessuale. Milano, 2004, pp. 19-22. (Trad. bras.: *Quando a carne é fraca*; Discernimento vocacional diante da imaturidade e das patologias do desenvolvimento afetivo-sexual. São Paulo, Paulinas, 2006.)
[21] BASTAIRE, op. cit., p. 19.

sua sexualidade esta radical ordem interna, para além da aparência contrária, a fim de realizá-la, depois, na vocação ao dom fecundo de si no seu projeto virginal.

Tentação não será tanto somente a atração pelo outro sexo (em si natural), quanto toda visão redutiva e negativa, banal e superficial, pobre e temerosa da sexualidade que, em virtude da preocupação com a própria (má entendida) perfeição, corre o risco de não apreender e desfrutar todo o patrimônio de energia aí contido, tornando estéril, isto é, falsa, a própria virgindade.

Centelha pascal

Tentação, portanto, não será apenas ceder às "seduções da carne", mas também aquele espiritualismo que não aprendeu a reconhecer no realismo da carne, na raiz da passionalidade, a "centelha pascal",[22] ou a possibilidade de acolher, justamente na sexualidade, a ação misteriosa do Espírito. Esta tentação remonta à grande heresia gnóstica, "segundo a qual o 'espiritual' não pode ter carne", e ela não está absolutamente ausente hoje.[23] Depois, não existe grande diferença entre este espiritualismo verdadeiramente desencarnado e um certo materialismo instintivista.

Então, símbolo da superação da tentação é o homem que se tornou "carnal até no seu espírito, e espiritual até na sua carne" (Agostinho), recordando muito

---

[22] CLÉMENT, O. *Riflessioni sull'uomo*. Milano, 1973. p. 101.
[23] Como denuncia Dom Caffarra na sua primeira *Nota Pastoral* dirigida ao clero e à diocese de Bolonha (Cf. S. ANDRINI, "Cristiani, le nuove eresie. In: *Avvenire* 15/9/2004. 23).

bem aquilo que disse, com tom sem dúvida paradoxal, Péguy: "Também o carnal é espiritual",[24] ou Whitman: "Se existe algo de sagrado, o corpo humano é sagrado"; ou aquilo que anota, talvez de modo mais correto, Lacroix: "A carne não é espiritual por si mesma, mas apta para vir a sê-lo".[25]

Sempre nesta linha, o Padre Tonino Bello, num texto em que exalta e agradece ao Padre Turoldo pela sua obra poética, reconhece que esta integração entre carne e espírito é típica do modo de amor do fiel, e é fruto de um caminho de amadurecimento: "Obrigado, porque desde quando se agita a hora da minha juventude, a tua poesia me fez compreender que se pode amar a Deus com coração de carne. Mas obrigado, sobretudo, porque agora em que se desencadeia na minha vida o espasmo da maturidade, a tua poesia me faz compreender que se pode amar a carne com coração de Deus".[26] A sexualidade é mística e ascética, dom de graça que exige o cansaço e a renúncia dos sentidos para atingir a alegre liberdade do amor fecundo. Aliás, como foi historicamente: "Na história da mística, a sexualidade é a verdadeira força da espiritualidade. A energia sexual constituía para os místicos um estímulo para transcenderem a si mesmos e para se tornarem uma só coisa com Deus no êxtase do amor".[27]

---

[24] PÉGUY, C. Apud LOUF, A. *Generati dallo Spirito*. Magnano, 1994. p. 61.
[25] LACROIX, X. *Il corpo di carne*; La dimensione etica, estetica e spirituale dell'amore. p. 306.
[26] BELLO, T. *Epistolario minimo*. EdInsieme, 2004.
[27] GRUN, A.; SARTORIUS, C. *A onore del cielo, come segno per la terra;* La maturità umana nella vita religiosa. Brescia, 1999. pp. 75-76.

Funções e valores: o dom criador

Daquilo que foi dito, deriva uma concepção da função da sexualidade em três direções:

Energia relacional

A sexualidade é, antes de tudo, *energia que abre para a relação e para a reciprocidade,* ou seja, rumo ao amor e ao mútuo dom de si. Nesta abertura o indivíduo encontra a *sua radical ambivalência,* mas também a sua própria identidade, estendida entre a necessidade do outro e a capacidade de tomá-lo a seus cuidados.

A sexualidade consente *recompor esta tensão* sem excluir nenhum dos dois polos: educa, de fato, à liberdade de receber o dom do outro, mas, também, ao sentido de responsabilidade pelo outro; forma para a gratidão e para a gratuidade, para o senso do limite pessoal e para a coragem de fazer dom de si, que lentamente leva à aceitação incondicionada do tu e ao gosto do amor desinteressado por ele.

Escola de alteridade

A sexualidade é energia relacional que consente ao "eu" acolher o "tu" *com toda a sua diversidade-alteridade,* tal como o homem é outro com relação à mulher.

Em tal sentido, a diferença dos sexos é e indica a diversidade radical, o símbolo por excelência das diferenças, quase a *escola para aprender a respeitar e valorizar o "tu",* qualquer "tu", na sua diversidade e apreciá-lo na sua inconfundível beleza. A sexualidade se torna aquilo que impulsiona em tal direção, superando a sempre frequente tentação de homologar o outro (também a Deus, se possível), de transformar a realidade à própria imagem e semelhança, de refutar tudo e quem não se adapta aos próprios gostos.

Fecundidade relacional

Graças, justamente, a esta síntese, a relação interpessoal, então, se torna *fecunda,* em três níveis:

- *do eu e do tu:* cada um, de fato, sai dela renovado ou capaz, finalmente, de descobrir *a própria verdadeira identidade,* que se pode manifestar apenas num contexto de total abertura e acolhimento relacional, e que só pode ser fruto da própria relação;

- *do nós:* deste encontro nasce também a *relação* como entidade absolutamente nova e não como simples soma ou aproximação de parceiros-amigos, mas como fruto da complementaridade entre dois seres que aprenderam a se acolher de modo incondicional na respectiva alteridade e no equilíbrio entre necessidade e responsabilidade, entre amor dado e recebido. Desta maneira, a relação se configura ainda como superação da lógica que funciona em sistema fechado: eu e tu, ninguém mais. Na realidade, "é o nós que é constitutivo do homem";[28]

---

[28] RUPNIK, M. I. Verso la maturazione della vocazione. *Vita consacrata* 6(2003), p. 601.

- *do outro:* a relação vivida assim faz nascer uma nova realidade que ultrapassa os confins da própria realização – como são os filhos no matrimônio – ou se derrama em benefício dos outros, de muitos, de todos, dos pobres, de quem é mais tentado a não se sentir amável...

Espiritualidade patrística

O corpo humano, ordenado para ser espiritual

"Aquilo que foi estabelecido naturalmente dentro de nós, seja na alma, seja no corpo, foi colocado em nós para o serviço do bem; e, dado que a alma pode desejar a Deus e o corpo ser movido pelo desejo da sua natureza, é com razão que o desejo da alma foi colocado ao lado do desejo do corpo a fim de que, misturados um com o outro, produzam uma única ação de desejo puro e santo. As causas que movem o desejo da alma provêm do alto; as do corpo, de baixo, onde também está a natureza do corpo. Todavia, este último não foi criado para desejar as coisas de baixo, mas para desejar as coisas espirituais em união com a alma. De fato, não obstante tenha sido formado de terra e constituído de várias misturas, não é para a terra que foi formado..., mas para obedecer à alma que foi criada pelo Criador, ou seja, para cumprir as suas vontades em todas as coisas e para estar-lhe associado em todos os bens. Por isso, somos levados a pensar que as ações do nosso corpo não provêm de onde ele provém, e a considerar que o fim das suas obras se encontra na finalidade para a qual é feito: é criado para o Espírito e não para a terra, é ordenado para ser espiritual e não corruptível."

(FILOXENO DE MABBURG, Homilia XIII. *Homélies,* org. De E. LEMOINE, Paris, 1956, 503. Apud BASTAIRE, J. *Eros redento,* Magnano, 1991, pp. 93-94.)

O ardor "erótico" da alma

"A natureza humana não pode exprimir a superabundância do amor divino. Por isso, como símbolo para si, toma aquilo que há de mais violento nas paixões que agem nele, quero dizer, a paixão do amor, a fim de que aprendamos, assim, que quem fixa o olhar na beleza da natureza divina deve ficar-lhe tão enamorado quanto fica o corpo com aquilo que lhe é semelhante, transmutando a paixão em livre alegria, de modo que a nossa alma arda 'eroticamente' em nós na única chama do Espírito."

(GREGÓRIO DE NISSA. Homilias sobre o Cântico dos Cânticos. 1: PG 44,777,172.)

Uma carne possuída pelo Espírito

"Por isso, a carne sem o Espírito de Deus está morta, privada de vida e não pode possuir o reino de Deus; o sangue não espiritualizado é como água derramada na terra... Pelo contrário, onde está o Espírito do Pai, há o homem vivente, um sangue espiritual sobre o qual Deus vigia para vingá-lo, uma carne possuída pelo Espírito que esquece a sua natureza e assume aquela do Espírito, tornando-se semelhante ao Verbo de Deus. Por esta razão, como trouxemos a imagem (isto é: as características) do homem terreno, tragamos agora aquelas do homem celeste (1Cor 15,49). O que é este celeste? O Espírito [...]; não nos podemos salvar sem o Espírito de Deus."

(IRINEU DE LIÃO. *Adversus Haereses. V,9,3.*)

Espiritualidade moderna
Olhos puros

"Entre as anotações de um religioso que acabara de morrer, padre Filiberto, foi encontrado este texto autobiográfico e dirigido... a si mesmo, o qual remonta ao tempo da sua juventude:

'E assim, meu caro Velho Berto, tu te apaixonaste... Pelo tanto que te conheço, por um pouco, tentarás refletir, fazendo *discursos* sobre o amor, sobre a arte sublime do corpo humano, sobre a fantasia do Criador. Depois, ficarás um pouco desajeitado e ficarás como um pimentão vermelho quando Loredana reaparecer e quiser falar contigo. Depois, terás vontade de fugir, porque não sabes o que fazer, te sentes pisando em ovos, pensas que ainda não fizeste a barba e que tuas calças não sabem o que é um vinco há um século. Porém, assim como ela te agrada – agrada-te realmente tudo nela –, assim também querias estar junto dela com mais frequência, mais perto... E esta miscelânea de sentimentos te levará à completa paralisia. E, talvez, farás aquela cara um tanto idiota, de um quociente de inteligência abaixo de 70... Porém, no entanto, Loredana te agrada. Loredana! Viste aquela covinha quando sorri?

Meu Velho, olhemo-nos olhos nos olhos. Escuta-me, pois sou tua parte mais sábia. O segredo para aprender é o exercício. Para não ficares desajeitado é preciso exercitar-te um pouco. Deixa funcionar o bom senso, Velho Berto, e também um pouco de confiança no bom Deus.

Então: I. Aquilo que está acontecendo contigo não tem nada de pecaminoso. II. Atendo-se ao que diz a Bíblia, a mulher é o melhor dom que Deus fez ao homem, e vice-versa: feitos para serem de mútuo auxílio. Então, Loredana não é como um obstáculo, mas uma presença positiva, a ser vivida corretamente e com gratidão. III. Amar ao Senhor sobre todas as coisas não significa não amar ninguém mais. Significa que ele ocupa o primeiro lugar. Um pouco como no episódio de Jesus adolescente no templo: não deixou de amar aos seus, mas apenas disse que a disponibilidade para os interesses do Pai vinha primeiro. IV. Saiba muito bem que se concentras toda a tua atenção no aspecto físico do amor, aquilo vai se tornar uma obsessão para ti, e chegarás a pensar que se não fizeres amor pelo menos uma vez não serás homem. Mas, onde isso está escrito? Exercita-te, ao contrário, em viver todos os outros aspectos do amor, como o diálogo, a empatia, o elogiar, trocar de ideias, trabalhar juntos. Deixa de pensar sempre e somente em ti, nas tuas exigências, e coloca-te a escutar os outros. V. Tal como está escrito sobre a tua mesa de trabalho, *oferece-te a liberdade* de ter olhos puros e de contemplar a beleza do corpo humano dando louvor a Deus'.

Anotado um pouco mais abaixo, se lê: 'Paz'. E como conclusão, com uma caligrafia um pouco diferente: 'Muito bem, Velho Berto!'."

(DANIELI, M. *Liberi per chi? Il celibato ecclesiastico*. Bologna, 1995, pp. 100-103.)

O amor e a sexualidade humana

"O homem é chamado ao amor e ao dom de si na sua unidade corpórea-espiritual. Feminilidade e masculinidade são dons complementares, razão pela qual a sexualidade humana é parte integrante da concreta capacidade de amor que Deus inscreveu no homem e na mulher. [...] 'O corpo humano, com o seu sexo, e a masculinidade e feminilidade, visto no próprio mistério da criação, não é apenas nascente de fecundidade e de procriação, como em toda a ordem natural, mas encerra desde *o princípio* o atributo *esponsal*, isto é, a capacidade de exprimir o amor: exatamente aquele amor no qual o homem-pessoa se torna dom e – mediante este dom – põe em ato o próprio sentido do seu ser e existir'.[29] Qualquer forma de amor será sempre conotada por esta caracterização masculina e feminina [...].

'Enquanto espírito encarnado, isto é, alma que se exprime no corpo e corpo plasmado por um espírito imortal, o homem é chamado ao amor nesta sua totalidade unificada. O amor abraça também o corpo humano e o corpo é feito partícipe do amor espiritual'."[30]

---

[29] JOÃO PAULO II, *Audiência Geral*, 16 de janeiro de 1980.
[30] *Familiaris Consortio*, n. 11.

(CONSELHO PONTIFÍCIO PARA A FAMÍLIA, *Sexualidade humana: verdade e significado. Orientações educativas em família*. Roma, 1996, nn. 10.13: EV, 2014, 2016.)

Capax Dei

"Focalizar a unidade da pessoa com o seu corpo põe imediatamente um limite às tentações de desdobramento do sujeito nos confrontos com este. [...] Este colocar em relação se revela ser uma oportunidade também para a antropologia. A orientação ética favorece uma antropologia dinâmica, para além de um ponto de vista estático ou objetivista, pelo qual o modo de ser do humano corre o risco de ser compreendido em conformidade com aquele das coisas. O ponto de vista axiológico dá o corpo pessoal como um *vir a ser*. Tornar-se-á pessoal tornando-se espiritual e vice-versa. Isto acontecerá somente através do seu ingresso em um dinamismo relacional, de dom e acolhimento. A antropologia teológica, com relação a essa, não traz uma nova 'ciência do humano', mas dá um nome a este dinamismo que compreende como resposta a um chamado e como lugar de uma revelação: revelação do *ágape* divino como dom do Pai, energia do Espírito e configuração a Cristo.

O encontro entre uma tal vocação e a condição carnal nunca será uma coisa fácil de pensar. A carne não é espiritual por si mesma, mas apta para vir a sê-lo. É capacidade, capaz de receber a vida divina, *capax Dei*. Trata-se, porém, de uma capacidade ativa, na qual se manifesta a ação criadora de Deus. A alteridade, de fato, não é dualidade. O Espírito e a carne não são entidades numeráveis. Um se desdobra no mais íntimo do outro. Pensar nesta intimidade conduz a reconsiderar o sentido de cada uma das extremidades: a fraqueza da carne é o lugar de desdobramento da potência do Espírito, o qual tende à encarnação.

A sexualidade, onde a carne é sentida com maior força e experimentada como tal, é o ponto sensível onde estas verdades são colocadas à prova. A afirmação da sua vocação espiritual não pode confrontar-se com a sua opacidade e seus transbordamentos. Uma ética do espírito não pode deixar de ficar embaraçada diante de uma realidade tão rebelde, mas é bem aí que é esperada, ou seja, é obrigada a fazer valer seus recursos. A coerência entre a ética, a antropologia e a dogmática é, particularmente neste campo, como o cansaço de Sisifo, o objeto de uma tarefa sem fim."

(LACROIX, X. *Il corpo di carne. La dimensione etica, estetica e spirituale dell'amore*. Bologna, 1996, pp. 305-306.)

Aquela "palavra" inscrita no corpo

"O corpo tem uma palavra inscrita em si: esta palavra é o outro, é apelo para o outro, o corpo torna-se ele mesmo diante do outro, colocando-se em relação...

Não existe lugar para o belo Narciso que se espelha na água; na própria imagem, pode apenas se afogar...

A palavra inscrita no corpo, isto é, o outro, diz o Outro, fala de Deus. Daqui, a grande estima que o cristão tem pelo corpo e pela sexualidade, cuja dignidade nunca deve ser falseada ou dilapidada. Daqui, segue-se que a sexualidade nunca pode ser nem desregrada, nem irracional; tem um sentido, uma direção, regras, limites."

(MARTINI, C. M. *Sul corpo*. Milano, 1992, pp. 51-53.)

Poesia virgem

Meu tudo

Tu, meu tudo, minha vida.
Sem ti tudo não seria
senão pó espezinhado
por cansados pés ignaros.[31]

---

[31] PEIRANO, M. *La via*, p. 33.

IV

SEXUALIDADE IMATURA

❄

"Deixai-vos sempre guiar pelo Espírito, e nunca satisfaçais os desejos da carne. Pois o que a carne deseja é contra o espírito, e o que o espírito deseja é contra a carne: são o oposto um do outro, e por isso nem sempre fazeis o que gostaríeis de fazer. Se, porém, sois conduzidos pelo Espírito, então não estais sob o jugo da Lei. São bem conhecidas as obras da carne: imoralidade sexual, impureza, devassidão, idolatria, feitiçaria, inimizades, contenda, ciúmes, iras, intrigas, discórdias, facções, invejas, bebedeiras, orgias e outras coisas semelhantes" (Gl 5,16-21).

"Eu vos digo, pois, e vos conjuro no Senhor, que não vos comporteis mais como se comportam os pagãos, por sua mentalidade fútil. Eles têm a inteligência obscurecida e são alheios à vida de Deus, por causa da ignorância produzida neles pela dureza de seus corações. Com sua consciência embotada, entregaram-se à devassidão, praticando avidamente toda sorte de impureza" (Ef 4,17-19).

A sexualidade, vimos na reflexão precedente, é realidade complexa e, também, um pouco enigmática. Sem dúvida, é algo que não cresce, nem amadurece de modo espontâneo segundo aquela *ordo sexualitatis* que, embora traga inscrita em si, é mais um dado a ser feito do que um dado de fato. Além disso, é preciso dizer realisticamente que nem sempre a formação reservou uma específica atenção para a área da sexualidade, seja no passado, seja no presente, por vários motivos, talvez presumindo poder educar para a escolha virginal sem considerar "lugar", objeto e matéria-prima desta escolha, ou confiando em algum automatismo, talvez ligado à Graça. Não falemos, depois, de formação permanente nesta área. Há, por acaso, em alguma realidade institucional (diocese ou congregação religiosa) algum projeto teórico-prático em tal sentido? E, antes ainda, existe nos indivíduos uma disponibilidade correspondente e constante? A sexualidade não cai, certamente, em letargia com o passar dos anos!

Nada de estranho, então, que possa existir formas de imaturidade afetivo-sexual no virgem por causa do Reino dos céus, mais ou menos graves, mas que inevitavelmente tornam mais difícil o viver celibatário e menos eficaz o testemunho. Digamos também que em cada um de nós podem existir estas formas (desde a dependência afetiva até a masturbação, desde o medo de deixar-se amar até a excessiva necessidade de afeto...).

Estar convencido disso e procurar pontualizar onde a própria sexualidade ainda não é adulta já é um bom sinal (exprimiria uma forma de imaturidade integrada ou em vias de integração). Negá-lo e não fazer nada para identificar onde e porque a própria sexualidade é mais vulnerável é, pelo contrário, sintoma de imaturidade (às vezes, desintegrante). Obviamente, esta não integração perturbaria a relação educativa, em especial para quem está em contato com rapazes e jovens: um educador não consciente das próprias imaturidades corre o risco de descarregá-las, sempre sem se dar conta, sobre aqueles que "educa". Seria verdadeiramente grave!

Com espírito construtivo e com o decorrente desejo de clareza, tentemos, então, especificar pelo menos algumas formas de imaturidade sexual mais frequentes na vida de um virgem. Vamos dividi-las em dois grupos: as ligadas ao desenvolvimento afetivo-sexual da pessoa; e as associadas, ao contrário, com os conteúdos da maturidade afetivo-sexual.

Em nível evolutivo

Em nível *evolutivo,* a imaturidade pode ser devida:

- a uma *não correta superação* de certas passagens evolutivas na primeira educação, com consequentes dificuldades de *identidade sexual;*

- a um fenômeno de *não crescimento* da própria sexualidade, com a consequente *fixação* numa certa fase evolutiva;

- a um *desenvolvimento da sexualidade não adequado* à idade e períodos existenciais, ou a exigências pastorais ou a novas situações ambientais, com relativa *regressão* a um período precedente do desenvolvimento.

Vejamos uma a uma estas possibilidades.

Identidade e orientação sexual

Expressão típica deste problema evolutivo é a *homossexualidade,* ligada a uma falha na identificação, na primeira infância, com o genitor do mesmo sexo (homossexualidade estrutural) ou a experiências, no período da pré-adolescência, que impediram a passagem da fase homoerótica à heteroerótica (homossexualidade não estrutural).[1]

Mas, existe uma especificação importante a fazer. Via de regra, a homossexualidade verdadeira não significa tanto somente a atração pelas pessoas do mesmo sexo, quanto a dificuldade de interagir com o diferente-de-si, de acolher incondicionalmente o outro abandonando-se a ele, de deixar-se formar pela alteridade, de desviar o olhar de si, de não pretender conformar sutilmente a realidade a si.[2] Sob esta ótica, e prescindindo do componente por excelência sexual, a homossexualidade é e carrega uma carência objetiva do ponto de vista da relação interpessoal. Se a alteridade é parâmetro evolutivo, ou linha ao longo da qual se dá o desenvolvimento psicológico, afetivo, relacional, sexual do ser humano,[3] a própria alteridade encontra na sexualidade e na di-

---

[1] Acerca da diferença entre estes dois tipos de homossexualidade, me permito remeter ainda ao meu *Quando la carne è debole,* pp. 50-74. [Trad. Bras.: *Quando a carne é fraca;* Discernimento vocacional diante da imaturidade e das patologias do desenvolvimento afetivo-sexual. São Paulo, Paulinas, 2006.]

[2] ZUCCARO, C. "Unità della persona e integrazione sessuale. Possibilità e limiti". In: *Rassegna di Teologia* 36(1995)6, 713, nota 43.

[3] Cf. aquelas correntes antropológicas modernas frequentadas por autores como Buber, Lévinas, De Certeau... Com relação à alteridade como parâmetro de desenvolvimento, cf. CENCINI, *Nell'amore;* Libertà e maturità affettiva nel celibato consacrato, Bologna, 1997. pp. 12-16.

versidade dos sexos a sua cifra mais expressiva, o símbolo radical, o sinal mais evidente, a sua confirmação mais clara, mas também a indicação precisa a seguir ou um objetivo a perseguir constantemente na vida. Neste sentido, a atração pelo mesmo sexo contém uma espécie de negação, mais ou menos acentuada, da alteridade, e, então, também a negação de uma lei ou de uma possibilidade de desenvolvimento.

Fixação

A fixação é um mecanismo defensivo através do qual a pessoa se recusa a crescer de algum modo, no nosso caso, na área afetivo-sexual, parando numa certa fase evolutiva. São sinais de *fixação* algumas reações afetivas *infantis* de consagrados adultos, como por exemplo:

- posturas de *ciúme infantil* no viver uma amizade ou no modo de administrar a pastoral ("o meu amigo, o meu grupo, o meu ministério, os meus colaboradores");
- uma curiosidade sexual de cunho *pré-adolescente* no consagrado, que rouba com olhar nunca farto e furtivo, e sem respeito para com o outro(a), imagens e sensações ilusórias de gratificação;
- uma enfatização da sexualidade, compreensível no *adolescente,* mas um pouco menos nos religiosos adultos que ainda sonham e idealizam, como jovens, o fruto proibido.

Nestes casos a sexualidade permaneceu infantil ou com caráter de adolescente e o indivíduo nunca cresceu, pelo menos no que diz respeito a alguns aspectos, com notáveis consequências no plano dos relacionamentos e da própria atividade ministerial, mesmo se só raramente a pessoa percebe a correlação.

De qualquer forma, imaturidade não é tão só um episódio avulso, mas também a postura habitual e privada de consciência crítica (e de remorso). Fica, contudo, acrescentado que, especialmente com relação à sexualidade, cada simples episódio acaba por ter influência no nível de maturidade geral, e jamais é inócuo.

Regressão

A *regressão,* ao contrário, é uma reação ao presente com estilos do passado, ou seja, não uma verdadeira parada, mas uma espécie de retomada ou reedição de modos de agir e de se relacionar (ou de não se relacionar) típicos do próprio passado. Por exemplo:

- a busca ansiosa de afeto aconchegante e tranquilizador por parte do jovem consagrado – a seu tempo, um corajoso noviço e clérigo –, que se encontra vivendo uma inédita situação de solidão sem a proteção de certas estruturas e se apega a uma qualquer ou se fecha na masturbação;
- a paixão do religioso por volta dos 40 e poucos anos, que enfrenta talvez pela primeira vez a sensação da vida que lhe foge ou uma certa falência, e tem necessidade de preencher um vazio ou busca confirmações.

Em ambos os casos, existe como que um retorno ao seio materno ou a um certo calor já gozado, na ilusão de evitar a dureza da situação. Mas, na realidade, tudo isso cria apenas uma descompensação na existência individual e social da pessoa, que reage às circunstâncias (críticas) da vida com posturas impróprias e compromissos danosos. Aqui, a imaturidade consiste em não ter aprendido a crescer com a vida e graças às suas provocações.

Em nível de conteúdo

Do ponto de vista do conteúdo, a imaturidade afetivo-sexual estará, diferentemente, ligada a uma *não realização dos componentes e funções fundamentais da própria sexualidade,* como as delineamos no capítulo precedente. Teremos, então, uma sexualidade:

> *privada de mistério* (e superficial e banal),
> *ou pobre de relação e alteridade*
> (e toda centrada em torno do eu),
> *ou não aberta à fecundidade*
> (e miseravelmente estéril e insignificante).

Tentemos aprofundar.

Sexualidade privada de mistério

Na sexualidade emerge e explode o mistério da vida humana, seja no sentido clássico da sua profundidade insondável de significado, seja naquele mais moderno da sua capacidade de reunificar os opostos (carnal e espiritual, masculino e feminino, eu e tu...). Um projeto de virgindade está todo construído sobre esta dimensão misteriosa, que lhe deixa saborear a beleza, sem a qual o ser virgem não teria mais nenhum sentido ou seria apenas custosa continência ou cômoda ausência de amolações.

Contudo, não é raro o caso do virgem que perdeu o sentido de mistério da sua sexualidade ou aquele sabor de impenetrabilidade que, depois, introduz na contemplação mística, e se condena a viver a virgindade sem profundidade e espessura, sem direcionamento a um Outro e ao sentido do amor; um virgem cujo eletrocardiograma é "achatado", sem picos.

Apresenta estes sinais ou consequências:

Presunção

Ele é presunçoso; dá por certo que se conhece, que entende de Deus, que ensina aos outros (em especial, às irmãs – quem sabe o por quê?) aquilo que é preciso para ser perfeito e santo.

Assim, presume também que sabe tudo sobre a vida afetiva e que resolveu todos os problemas a este respeito. Ou, talvez, "descobre" que a afetividade é algo que estorva e, para os tipos fracos, algo que faz perder tempo e cria inseguranças, que distrai e retarda a atividade, que às vezes induz a crises de ansiedade e, assim, decide que é melhor reduzi-la ao mínimo ou, então, julga que o sexo e aquilo que lhe diz respeito não são tão importantes para se consagrar a Deus. Melhor: ele pode passar sem isso.

Ignorância

Da presunção à *ignorância,* o passo é curto e o dano, grave, pois um celibatário por causa do Reino que não conhece a sexualidade não sabe nem sequer o que é a virgindade e por que a escolheu. Por exemplo:

- ele não suspeita que na sexualidade humana esteja inscrito de alguma maneira o sentido da vida, dom recebido que tende a se tornar bem oferecido;
- tem uma ideia tão mesquinha (e vulgar) do sexo que não pode crer que a sexualidade venha de Deus, possa fornecer energias importantes para a vida espiritual e que nela viva o Espírito de Deus;
- não sabe que sexualidade madura quer dizer capacidade de relação com o diferente, com o outro-além-de-si, com quem não é amável, para que se sinta amado. Se não for assim, a virgindade é fingida e a sua ascese, inútil;
- nunca aprendeu a bendizer a sexualidade e, talvez, quando fala dela fica vermelho ou por demais sério, ou é banal e bruto, ou irá sempre acabar ali com o discurso...

Se mistério significa, como já dissemos, aquele ponto central que mantém juntas polaridades na aparência contrapostas, este celibatário elimina a polaridade que lhe causa problema, com a ilusão de simplificar sua vida. Mas se engana.

É a ignorância do mistério.

Analfabetismo e ausência de emotividade

Não há pior ignorância do que a de quem não quer ver, nem escutar, como o consagrado que teme ou despreza a sexualidade, não lhe atingindo o mistério, porque a sente como negativa e incômoda, e resolve não vê-la e negá-la dentro de si. Isto é: obstina-se a não admitir os próprios sentimentos e espiritualiza tudo, também o eventual namorisco. Quem ignora os seus sentimentos faz um grande mal a si, pois perde os contatos consigo mesmo, torna-se *analfabeto sentimental,* alguém que não sabe se ler por dentro e tampouco compreender o outro. Continuando a reprimir, o risco é que ele se torne uma pessoa *sem emotividade,* que não experimenta mais nenhum sentimento, como um "frade-urso" ou "o homem das neves". "O sentimento é como um músculo: se o deixamos por muito tempo inativo, atrofia-se e o reativá-lo resulta penoso"[4] ou perigoso. A sexualidade, de fato, em tais casos, se torna como um gigante adormecido, e não é de se excluir, caso se venha a despertar de sobressalto, que cause desastres...

Mas, existem também outros riscos. É verdade que alguém pode ter a sensação de viver melhor a própria castidade, ou de protegê-la com maior segurança, permanecendo frio, invulnerável, intocável, com coração... indiviso. No entanto, a este respeito, observa, com sua costumeira inteligência espiritual, o Padre Cantalamessa: "O coração indiviso é uma coisa boa, sob a condição de que ame alguém. Na verdade, é melhor um coração dividido que ame, do que um coração indiviso que não ame ninguém. Isto seria, na realidade, egoísmo indivi-

---

[4] DANIELI, M. *Liberi per chi? Il celibato ecclesiastico,* Bologna, 1995, p. 116. [Trad. bras.: *Livres para quem?* O celibato voluntário. São Paulo, Loyola, 2007.]

so, um ter o coração cheio, mas cheio do objeto mais poluente que existe: o próprio eu. Desta espécie de virgens e celibatários, infelizmente não raros, foi dito com razão: 'Porque não são do homem, creem ser de Deus. Porque não amam a ninguém, creem amar a Deus' (C. Péguy)".[5]

Com frequência, são bem estas pessoas que, justamente por esconder a sua capacidade de viver em plenitude um relacionamento, justificam a escolha celibatária com uma lógica tão presunçosa quanto fechada ao mistério: "Não me casei, porque me dei conta de que só uma mulher não me teria bastado". Que extraordinária capacidade de amar se atribuem estas pessoas, desprovidas de qualquer experiência, ainda que modesta no setor?[6]

Mas, existe também outro risco que o celibatário sem emotividade e de coração vazio corre: o de confundir a oferta de si a Deus com um estado de paz e de tranquilidade interior que é o oposto do dinamismo da oferta, ou o de reduzir a consagração virginal a uma observância que achata tudo, também a vitalidade do consagrado, tornando-o como um homem morto. "A natureza se aborrece com o vazio. Em última análise, é melhor correr o risco de um escândalo ocasional do que ter um mosteiro (um coro, um refeitório, uma sala de recreação) cheio de homens mortos. Nosso Senhor não disse: 'Vim para que tenham segurança e a tenham em abundância'. Alguns dentre nós, verdadeiramente,

---

[5] CANTALAMESSA, R. *Verginità*. Milano, 1988. pp. 46-47.
[6] Cf. DANIELI, op. cit., p. 128.

dariam qualquer coisa para se sentirem seguros, nesta vida e na outra, mas nós não a podemos ter em ambos os casos: segurança ou vida, devemos escolher".[7]

Idolatria e primitivismo

Enfim, outra categoria de imaturidade é representada por quem desenvolve a tendência oposta àquela agora vista, a tendência a se tornar *sempre mais dependente e, portanto, também mais fraco* nos confrontos com impulsos e variadas pressões de instinto. Existe um princípio na base desta tendência que diz mais ou menos assim: "Aquilo que 'sinto' também devo fazer; senão, sou menos autêntico e verdadeiro". Dane-se o mistério!

Na realidade, quem raciocina (ou desarrazoa) assim é apenas um *primitivo adorador* de sentimentos e instintos, quase um *idólatra,* tão primitivo a ponto de não ter ainda aprendido a distinguir a sinceridade da verdade a este respeito, ou de confundir liberdade de coração com a dependência afetiva de quem está sempre em busca de apoios, também quando diz que quer sustentar os(as) outros(as).

Sexualidade pobre de relação

Sexualidade é relação, abertura, acolhimento do outro diferente-de-si, recusa de se pôr no centro da relação. É impossível escolher a virgindade se a sexualidade não amadureceu desta maneira. Mas é possível, in-

---

[7] VANN, G. *To Heaven with Diana.* London, 1959. p. 46ss.

felizmente, fazer da virgindade um álibi para fechar-se em si mesmo. Esta postura seria como violentar a própria sexualidade, constrangindo-a a se dobrar sobre si, a andar contra a natureza e a se transformar no seu contrário, em energia que fecha o sujeito em si mesmo e o torna *incapaz de relação*.

Quem vive assim a sua virgindade será, então, um celibatário que *no máximo* observa o seu celibato, mas não o ama. Como se a sua fosse uma virgindade técnica ou só virtual, funcional pela liberdade que garante ao apóstolo superempenhado, mas que tem o coração em outro lugar. Em tais casos, é justamente a retidão comportamental exterior que tranquiliza e não deixa suspeitar nada. Mas, na realidade, existem diversos sinais de inautenticidade. E em diferentes direções.

Negação do tu

O sintoma mais evidente é aquele substancial egocentrismo que torna o celibatário insensível com relação ao outro,[8] atento só a si e incapaz de empatia, temeroso da relação intensa e de qualquer sinal de proximidade. Sinal muito indicativo e nada raro de pobre-

---

[8] Assim, o Padre Calati: "Uma vida celibatária que não sabe se comover com os sofrimentos humanos, que não revela, sobretudo, compaixão, que permanece fechada em si mesma e apresenta-se sisuda, é biblicamente maldita" CALATI, B. *Il primato dell'amore*. Camaldoli, 1987. p. 15). Dá a impressão de fazer-lhe eco o Padre Turoldo, numa poesia em que parece sonhar com uma nova vida consagrada, e, com o seu habitual estilo provocante, convida os consagrados a saírem dos seus conventos: "Não habiteis mais em conventos de pedra/ para que o coração não seja de pedra!/ Livres, ó monges, voltai/ sem alforje, nus/ os pés sobre o asfalto./ Seja o mundo/ o vosso mosteiro..." TUROLDO, D. M. *La mia vita per gli amici. Vocazione e resistenza*. Milano, 2002. p. 171).

za relacional é a incapacidade de gozar da alegria do outro, de apreciar o outro e de fazer (e fazer-lhe) festa (não basta estar próximo só na dor). Há quem já escreveu (e com tinta muito preta): "Padres e frades sabem amar, mas quase nunca se amam entre si".

Uma sexualidade centrada no eu cria, além disso, uma tendência à seleção nos relacionamentos e ao "uso" discreto do outro(a) para as próprias necessidades, e também uma tendência ao domínio e à posse do outro (a diabólica *libido dominandi*). Um singular despertar de tal síndrome na vida comunitária é o fechamento nos próprios confins que leva ao *descuido e à brutalidade no uso das coisas de todos,* à indisponibilidade a compartilhar e a tendência à *avareza, à inveja e à competitividade relacional,* que manifesta, no fundo, uma profunda tristeza do eu. Quem está sereno e contente tende a compartilhar e a colocar em comum aquilo que tem e é; não lhe falta nada. Quem tem para si, vive com terror que venha a lhe faltar alguma coisa, e vive mal, depressivo e nervoso.

O egocentrismo, contudo, é tão invasor que pode perturbar também a vida espiritual e tornar insignificante *o relacionamento com Deus* e fria e vazia a oração.

Alteração do eu

Quando o eu se fecha em si mesmo, lança fora a parte mais verdadeira e mais bela de si, e a substitui por uma outra falsa e caricaturada, que tornará artificioso e mentiroso o modo de viver e de ser consagrado. Daí, o possível encaminhamento de processos perigosos de *compensação:*

- abuso da comida e do álcool,
- acúmulo de dinheiro e objetos,[9]
- sentimentos de ostentação, de superioridade e autossuficiência,
- protagonismo e busca narcisista do próprio sucesso,
- sutil autocomplacência no sentir-se "interessante" e, talvez, disputado,
- aspereza no trato,
- racionalismo exasperado e exasperante,
- desleixo geral ou, opostamente, requinte excessivo no vestir,
- pouco cuidado com o decoro dos ambientes,
- falta de criatividade apostólica,
- ausência de gosto estético,
- mediocridade como regra de vida,
- mal-humor e nervosismo constante,
- sutil falsidade existencial...

Todas essas são posturas de *per se* não diretamente, nem necessariamente, correlatas com a sexualidade e a imaturidade sexual, mas que podem se tornar expressão da assim chamada "gratificação vicarial

---

[9] "Se se tem o essencial, não se fixa nos detalhes. Mas se o essencial não existe, se preenche a vida de bibelôs. A vida de homens e mulheres felizes é feita, via de regra, de muita sobriedade..." (DANIELI, op. cit., p. 51).

(ou indireta)" de uma sexualidade centrada em torno do eu, que não encontrou espaço adequado e fôlego na relação.

Sexualidade não aberta à fecundidade

Sexualidade – nós o vimos – significa *capacidade geradora,* vida recebida e dada, dom criador. Como todo ser vivente, também o virgem deve saber gerar. Se não for assim, a virgindade é maldição. Mas, ele não o pode fazer se não aprendeu a viver a própria sexualidade como força criativa, como energia vital, como busca do bem alheio, tal como já foi dito. Eis os específicos sinais negativos.

Esterilidade e solidão

É a história de tantos celibatários, "homens fracassados" ainda que atarefados, porque ao invés de gerarem e fazerem o outro crescer, tornando-o autônomo e livre, eles o ligam a si, lhe impõem por força o próprio "nome" como uma marca de fábrica (= "que se saiba que isto fui eu quem fiz"), ou se transformam em "filhos de seus filhos", isto é, fazem consistir a própria identidade naquilo que produzem, nos resultados de seus préstimos. Celibatários que não criam liberdade em torno de si, porque não são livres para se entregarem a si mesmos ao outro, à vida, à doença, à morte, nem de entregarem o próprio "filho" aos outros sem nenhum direito de propriedade, nem nenhuma pretensão de serem insubstituíveis ou eternos.

Deste modo, encontram-se sozinhos, como o grão de trigo que não se entrega à morte e permanece "só"; não gera nem dá nenhum fruto (cf. Jo 12,24).[10]

Fecundidade desviada

Outro sinal de sexualidade estéril é o caso do celibatário que desvia a sua capacidade geradora das pessoas para as coisas, para os objetos inanimados, animais ou atividade profissional. Existe, com relação a isto, uma certa galeria de personagens interessantes, como o consagrado que se dedica a várias coleções (desde os selos até borboletas), ou aquele que cultiva *hobbies* estranhos (o primado cabe a um religioso, talvez, certamente não muito pacifista, que emprega o seu tempo livre na construção de pistolas!) ou aquele tomado de manias infatigáveis (o famoso "mal da pedra"), ou o que faz as vezes de um criador de animais, ou de mecânico, ou de rato-de-biblioteca ou de quebra-galho, tão fechado no seu mundo a ponto de não saber mais gozar do relacionamento com o outro ou de reduzir os contatos a frios monossílabos.

Evidentemente, não existe nada de mal, em teoria, em fazer as vezes de agricultor ou de eletricista, quando é um serviço para a comunidade e respeitando certos equilíbrios. O problema nasce quando tudo isso se torna uma fuga do relacionamento com os outros para fechar-se em si mesmo.

---

[10] Cf. o que diz sobre a procriabilidade do virgem. RADCLIFFE, T. La promessa di vita, *Il Regno-Documenti* (1998)19, p. 630.

Não é raro que justamente o fenômeno da fecundidade desviada venha a criar, com o passar do tempo, uma certa tendência autoerótica.

Diferença temida

Aquilo que torna fecunda a sexualidade é o encontro das diferenças, complementares uma da outra. O temor do diferente, pelo contrário, torna inevitavelmente estéril o relacionamento. Está em voga hoje *uma homossexualidade que se arrasta* como problema essencialmente relacional ainda antes que explicitamente sexual, a qual empobrece a troca e põe, de imediato, em conflito a diversidade, ao invés de aproveitá-la como um recurso. Leva a recusar o outro e a sentir como uma ameaça a sua diferença de ideias, de sensibilidade, de experiência, a ponto de pretender fazê-lo semelhante a si, tornando infecunda a relação.

Se a sexualidade indica diferença radical e é escola para aprender a viver na diferença, este temor marca um relacionamento negativo com a própria sexualidade, ainda uma vez inibida e castrada na sua vitalidade e fecundidade. Desta sexualidade não poderá, certamente, nascer uma virgindade fecunda. Mesmo se fosse uma virgindade observada.

Espiritualidade patrística

Virgindade... impura

"Muitos são aqueles que creem honrar a virgindade e servi-la, mas quão poucos – é preciso dizê-lo – a veneram!

Certamente, o homem não honra a virgindade quando busca conter a própria carne ante o prazer de um abraço que ainda não experimentou, sem exercer o domínio sobre todo o resto. Desonra-a mais, e gravemente, por meio de baixos desejos, trocando, assim, prazer com prazer. Sem dúvida, não se tem apreço à virgindade, se se esforça por resistir aos desejos estranhos, mas, depois, se exalta a si mesmo e se se ensoberbece desta capacidade de dominar os ardores da carne e se consideram todos os outros como nada e menos de nada. Desonra-se a virgindade com a arrogância da própria soberba, purificando o exterior do prato e da vasilha (cf. Mt 23,25), isto é, a carne e o corpo, mas causando mal ao próprio coração com a arrogância e o amor à pompa. Tampouco se esforça por honrar a virgindade quem se vangloria das riquezas. Logo, traz-lhe mais desonra do que qualquer outra coisa, preferindo a essa um pouco de dinheiro, enquanto nenhum valor da vida lhe é equivalente. De fato, todas as riquezas e ouro são, se comparados com ela, um punhado de areia. Não dá honra à virgindade quem pensa amar exageradamente a si mesmo e se preocupa com o próprio interesse como meta, sem pensar no seu próximo. Também ele a desonra, pois, na medida em que estraga o amor que existe nela e carrega-a de afeto e de humanidade, está bem longe daqueles que dignamente a praticam.

De fato, não é preciso, de um lado viver, na castidade e na virgindade e, de outro, contaminar-se numa prática do mal e dar-se à libertinagem; nem tampouco, de um lado, lançar proclamações de purificação e de continência e, de outro, contaminar-se nos pecados; não se deve, de um lado, admitir não pensar nas coisas deste mundo e, de outro, possuí-las e delas se tornar escravos. É preciso conservar todos os membros do corpo puros e imunes da corrupção, não apenas aqueles aptos a alcançar sensualidade, mas também aqueles menos escondidos. Na verdade, nos faria rir querer conservar virgens os órgãos da reprodução e não conservar a própria língua ou guardar a língua virgem sem o fazer na vista ou no ouvido ou nas mãos. Ou ainda: guardar todas as partes virgens, mas não o próprio coração, prostituindo-o com o orgulho e a ira. Ora, quem deseja estar sem pecado na prática da virgindade deve absolutamente conservar puros todos os seus membros e refrear os seus sentidos, como os timoneiros das embarcações que ligam as junturas, para que o pecado não possa irromper na alma. De fato, para uma vida inspirada em altos ideais, estão ligados fatalmente grandes rendições e sujeições, e o mal se opõe àquilo que é o bem verdadeiro mais que o bem fingido. Muitos, portanto, julgando que a virgindade consiste, sobretudo, no opor-se aos desejos ardentes da carne, pecaram contra ela por não terem sido vigilantes com relação a outras paixões, colocando em descrédito até aqueles que se tinham encaminhado pela via reta..."

(METÓDIO DE OLIMPO, A virgindade abraça todo o ser. *A virgindade, Discurso XI.* Roma, 2000, n. 152, pp. 160-162.)

Espiritualidade moderna
Os obstáculos transformados em meios

"As tentações, distrações, dificuldades internas e externas que até agora considerei como um obstáculo serão, daqui para frente, um meio de elevação. Até o presente, tudo isso me deteve e desanimou; mas, a partir de agora, isso me servirá como trampolim para me elevar para Deus, desapegando-me das criaturas. Não verei nelas senão um premente convite para me unir mais a Deus por meio de um ato de fé, de confiança, de amor e abandono.

Estas experiências dolorosas se transformarão em graças, porque vão me forçar a sair de mim mesmo para não viver senão em Deus.

Se até hoje o afã e a preocupação dominaram a minha vida, agora viverei num espírito de confiança e de abandono. Em outras ocasiões, nada me perturbou mais que minhas quedas e minhas fraquezas. Daqui para frente, eu me gloriarei nelas: "Eu me gloriarei das minhas fraquezas, para que a força de Cristo habite em mim" (2Cor 12,9). Vou servir-me delas para fazer Cristo viver em mim. E sempre através do costumeiro sistema: consolidando o contato com Deus por meio da fé, da esperança, da caridade à custa do ser natural. Cristo deve crescer e eu desaparecer: "É necessário que ele cresça e eu diminua" (Jo 3,30). E ele crescerá na medida em que eu diminuir.

Pouco a pouco, dominarei, assim, os acontecimentos; e todos os meus adversários, de uma só vez, me ajudarão no futuro a me aproximar do meu ideal. Colocarei sempre mais as minhas faculdades e todo o meu ser à disposição de Deus; a sua voz falará sempre mais claramente em mim. Desta forma, espero que um dia se realizará, por uma graça indizível, a fusão da minha alma com Deus. "Anima mea liquefacta est" (Ct 5,6). Não repousarei mais até que tenha atingido este fim, o qual me esforçarei por nunca esquecer. Cada momento perdido será reparado por um aumento de fervor.

A fé se fortificará; a esperança se tornará mais segura; a caridade, mais ardente.

(UN CERTOSINO. Gli ostacoli trasformati in mezzi. *Un itinerario di contemplazione. Antologia di autori certosini*. Cinisello Balsamo [Mi], 1986, pp. 118-119.)

Contra Deus e contra si

"A vida dos santos sobressai sobre um fundo terrivelmente escuro. As obras tenebrosas da carne são colocadas completamente à luz pela vida do espírito: "fornicação, libertinagem, devassidão, idolatria, feitiçaria, inimizades, contendas, ciúmes, iras, intrigas, discórdias, facções, invejas, bebedeiras, orgias e outras coisas semelhantes" (Gl 5,19-21). [...] Não é por acaso que, no elenco dos vícios, a fornicação está sempre em primeiro lugar. A razão não deve ser buscada nas circunstâncias da época, mas no caráter particular deste pecado. Nele revive o pecado de Adão, isto é, aquele de querer ser como Deus, de querer ser criador da vida, de querer dominar e não servir. Com este pecado, o homem ultrapassa os confins que lhe foram impostos por Deus e viola as criaturas de Deus... A fornicação é, em primeiro lugar, pecado contra o corpo do próprio Cristo, pois o corpo do cristão é um membro do corpo de Cristo. Ele pertence só a Cristo. A união física com a prostituta anula a comunhão espiritual com Cristo... A fornicação é pecado contra o próprio corpo... templo do Espírito Santo que habita nele. [...] O cristão é puro e coloca todo o seu corpo a serviço do corpo de Cristo. Ele sabe que, com a paixão e a morte de Cristo na cruz, também o seu corpo foi arrebatado da morte. A comunhão com o corpo de Cristo atormentado e transfigurado liberta o cristão da intemperança da vida física. A selvagem paixão do corpo morre todos os dias nesta comunhão. O cristão serve com o seu corpo, em disciplina e temperança, somente à edificação do corpo de Cristo, a comunidade."

(BONHOEFFER, D. I santi. *Sequela*. Brescia, 1975, pp. 258-260.)

A compensação

"A compensação é a reação, mais ou menos consciente, de quem se sente – por motivos verdadeiros ou supostos – carente de alguma coisa importante; a pessoa tenta consegui-la a qualquer custo, busca criar um equilíbrio a seu favor, e termina por se contentar, muitas vezes, com aquilo que encontra. A *pirâmide de Maslow* nos oferece outra chave de leitura: a fracassada satisfação de uma das necessidades mais altas da pirâmide gera uma hipertrofia das necessidades situadas nos graus inferiores; "incha-as", torna-as mais agudas e exigentes. O exemplo mais familiar é representado por quem excede no beber e no comer, na tentativa de compensar uma solidão dura de suportar. A compensação não resolve o problema; com frequência, o mascara. É um prato de frutas de plástico, artificiais: satisfaz somente a vista, e apenas a pessoa distraída. A compensação é uma saciedade fingida, mas pode criar gostos, hábitos e dependências das quais é difícil se libertar. [...] Também a tentação se apresenta rica de fascínio, como solução do problema afetivo que alguém traz dentro de si... Ao contrário, na realidade, é apenas uma porta pintada sobre a parede: você pensa que ela lhe leva para fora do problema, mas ela te faz sentir ainda mais prisioneiro do seu desejo insatisfeito. É por esta razão, isto é, pela sua natureza de dissimulação e falsa solução, que a compensação traz consigo uma dose de frustração e de empobrecimento. As suas promessas não são mantidas e o empenho de energias postas em ato para atingir este resultado desencoraja o projeto de buscar percursos alternativos e mais sadios."

(DANIELI, M. *Liberi per chi? Il celibato ecclesiastico*. Bologna, 1995, pp. 41-42.)

Poesia virgem

Sem Ti

Sem Ti
sou como uma casa
em cima de uma montanha
sem portas, sem janelas, sem teto.
Uma casa abandonada
à fúria do vento, e da chuva.
Testemunho estéril
de uma felicidade fugida.[11]

---

[11] PEIRANO, M. *La via*, p. 13.

V

"FELIZES OS PUROS DE CORAÇÃO"

❄

"**F**elizes os pobres de espírito,
porque deles é o Reino dos Céus.
Felizes os que choram,
porque serão consolados.
Felizes os mansos,
porque receberão a terra em herança.
Felizes os que têm fome e sede de justiça,
porque serão saciados.
Felizes os misericordiosos,
porque alcançarão misericórdia.
Felizes os puros de coração,
porque verão a Deus.
Felizes os que promovem a paz,
porque serão chamados filhos de Deus.
Felizes os perseguidos por causa da justiça,
porque deles é o reino dos Céus (...)" (Mt 5,3-12).

Estamos tentando compor as peças, individuar os componentes fundamentais da escolha virginal por causa do Reino, ou averiguar do que é "feita" a virgindade. Antes de tudo, de *sexualidade* – vimos nas reflexões precedentes – com tudo aquilo que ela significa, como recurso e desafio, bênção e provocação, e também como maturidade e imaturidade.

Se deslocarmos para um pouco mais alto a nossa busca e interrogarmos o Evangelho, nos encontraremos com outro componente significativo. A Palavra de Deus a ele se refere com um termo, hoje, um tanto em desuso e que, pelo contrário, é de fato objeto de uma bem-aventurança, aquela reservada, justamente, aos *"puros de coração"* (Mt 5,8).

Pureza parece um termo de outros tempos; talvez, chame à mente remotas lembranças, nem todas cheias de exultação, quando era apenas ou sobretudo continência e repressão, luta às vezes angustiosa com tentações opressoras, ideal até muito severo com o seguimento de confissões dominadas pela vergonha e por devastadoras sensações de culpa, algumas vezes, às voltas com confessores muito mais semelhantes a juízes inquiridores e austeros do que a instrumentos da misericórdia do Eterno, que julga com base no amor.

Hoje, se fala pouco da pureza (há quem o chame "silêncio impuro"), mesmo porque o termo fica absorvido naquele mais amplo que é "castidade". Mas seria uma lástima perder seu sentido específico, aquele ainda reconhecível, ao menos em parte, no uso que faz dele até a linguagem corrente. "O próprio mundo, de fato, sem o perceber, paga o seu tributo de honra a este valor, quando faz da palavra 'virgem' um dos símbolos de maior apelo de sua linguagem publicitária. A melhor lã é a 'lã virgem'. O óleo mais puro é o 'óleo extra virgem'. Virgem indica ainda aquilo que há de mais belo e incontaminado entre os produtos do homem e da terra",[1]

---

[1] CANTALAMESSA, *Verginità*. Milano, 1988. p. 10.

aquilo que é genuíno e autêntico, puro e compacto, fresco e veraz, íntegro e simples (= composto de um só elemento), não adulterado e credível.

Devemos de algum modo nos reaproximar das palavras e dos símbolos que a cultura secularizada tomou emprestado da Bíblia e da tradição cristã, esvaziando-os completamente do seu significado religioso.

De fato, é muito mais rico e arejado o dito evangélico, especialmente se apreendido no contexto das bem-aventuranças (onde a ideia de pureza, como é sabido, vai bem além do conceito de castidade).[2] Busquemos, então, restituir verdade e luminosidade a uma palavra associada ora a um impróprio espiritualismo ("a virtude dos anjos"), ora – por reação – a uma concepção negativa do mundo interior, com as frustrações e opressões que conhecemos.

"... os puros de coração"

Nas bem-aventuranças não se fala de pureza, mas de "puros de coração"; portanto, de algo imediatamente apresentado como uma qualidade do coração, *no sentido bíblico*, e por isso, como um modo geral de ser e particular de amar, com características específicas acerca do amor amado e do estilo amante.

---

[2] Segundo o biblista Maggioni, o fundo ideal para a correta interpretação da castidade evangélica é, de qualquer forma, justamente o das Bem-aventuranças (Cf. B. MAGGIONI, La lieta notizia della castitá evangélica. *La Rivista del clero italiano* 7-8[1991],499).

Um único grande amor

Puro de coração é aquele que é possuído por um *único grande amor,* no qual reconhece a *própria verdade.* De *per se,* não é quem não comete gestos impuros ou não conhece mulher, nem um tipo simplesmente amante, mas alguém que conhece *um só* amor, exatamente aquele que é chamado a amar e pelo qual se sente conquistado *totalmente.* A pureza não é abstinência e observância, mas plenitude e unicidade de amor, sem dispersões nem baixas de tensão.

Por isso, o puro responde de modo pleno à natureza do impulso afetivo-sexual, o qual pode se exprimir ao máximo (da potência do amor) só quando a sua energia se concentra num único afeto, em direção a uma única pessoa, para depois se efundir sobre outras, sobre muitas outras. Em suma, o enamoramento é e deve ser único. Trata-se do famoso "princípio da concentração", válido para todos, casados e celibatários.

O virgem por causa do Reino, como especificamos no segundo capítulo, é aquele fiel que recorda a todos a centralidade de Deus e do amor divino como perspectiva *originária e final* do amor e dos amores humanos, e o faz escolhendo *já desde agora* por vocação – então, por graça e sempre na fraqueza de sua carne – Deus como termo e objeto imediato do seu amor, e pondo nisto toda a sua atenção para que em sua vida não haja outros afetos invasores que atraiam o coração, distraindo-o dele.

Tal escolha, vivida com coração puro, recolhe e concentra todas as energias neste amor, e desenvolve no indivíduo algumas características.

Verdadeiro e livre

Verdadeiro consigo mesmo e com aquele que é chamado a ser e a amar, o puro de coração não vai para onde o leva o coração, mas ama aquilo que é digno de ser amado, ou aquele que "deve" amar. Nele, de fato, reencontra a sua própria identidade e vocação, a nascente e o destino, a objetividade de um apelo e a subjetividade do fascínio.

Pureza é verdade, verdade que atrai e torna livre, porque revela aquilo que é essencial e central para a pessoa em particular. Por isso, o puro de coração tem a sensação de ser ele mesmo, é visto como satisfeito naquilo que é e se torna sempre mais credível naquilo que faz.

Um e unificado

O virgem é um puro de coração não só se é fiel a este amor, mas na medida em que *se torna um através do Uno, unificado* por aquele que é absolutamente puro em si mesmo, e que é sempre mais único, o único amor na sua vida de virgem, porque tudo nela parte dele e reconduz a ele, todo desejo e projeto, pensamento e escolha; porque tem a precedência sobre todos os outros afetos e também se deixa reencontrar em cada um desses.

Neste sentido, o puro de coração é também compacto e consistente, bem ancorado no seu centro, sólido e "estável como o monte Sião", não dispersivo e caótico, nem superficial e insignificante. O puro de coração quer uma só coisa, conhece uma única paixão.

Transparente e relacional

É puro o coração de quem a Deus não esconde nem subtrai nada, mas lhe consente entrar em todos os cantos da sua pessoa, até nos subterrâneos do seu coração: são puras as suas mãos, os seus lábios, olhos, rosto, mas também seus pensamentos, desejos, intenções, sonhos, como puras são suas relações e amizades, gestos e palavras...

O puro de coração não é puro por si mesmo e em vista da própria perfeição, mas para atestar o amor. Ele, de fato, é *transparência do amor de Deus,* pois não prende a atenção sobre si, mas a remete para Deus, "como a água de um riacho tão límpida que se lhe pode ver o leito. E isto porque o amor que ele manifesta não é seu, mas de Deus".[3]

Neste sentido, o puro de coração é inocente, de uma inocência não infantil, mas que remete ao amor de um tempo passado, aquele das origens: àquela benevolência que está na origem de tudo e que fez belas e boas todas as coisas, àquela benevolência que está na origem da sua aventura existencial e de todo dom nela.

Por isto, Deus pode ser Deus nele. Enquanto tudo, para ele, é puro.

Coerente e radical

Coração puro não significa posse tranquila e certa de um amor para sempre, mas desejo, busca, nostalgia, entrega de si, tensão para ele, luta não para ir atrás

---

[3] MAGGIONI, op. cit., p. 452.

de uma improvável imunidade e uma inexistente paz dos sentidos, mas para crescer até o fim no desejo, na certeza de que só o Eterno pode preencher o coração humano, e com a renúncia, também sofrida, a tudo o que poderia frear o caminho ou desviar a espera.

O puro de coração sabe que "é preciso fazer, também até as lágrimas, a experiência de que Deus é o nosso *único* amor".[4] Aliás, não existe nada de mais intacto do que um coração lacerado.

O amor do puro de coração

Voltemos ao princípio da meditação. Imaginemo-lo graficamente como dois ângulos opostos em seus vértices (ou dois funis opostos e virados um sobre o outro: onde um "se fecha", "abre-se" o outro, quase uma clepsidra): a parte superior, ou o ângulo no alto, contém e abrange o amor de Deus e por Deus, "concentrando-o" num ponto preciso (= o coração do virgem) onde aquele amor explode, dando vida a outros amores, que todavia nascem sempre daquele único grande Amor. Segundo o conhecido princípio, os ângulos opostos no vértice são iguais, ou seja, existe um relacionamento tanto *quantitativo* como *qualificativo* entre aquele amor único e grande que absorve todas as energias afetivas da pessoa e dos outros amores. Em outras palavras, aquele afeto central

- faz amar *mais,* muitas outras pessoas: quanto maior e único é aquele amor, tanto mais a pes-

---

[4] RAGUIN, Y. *Celibato per il nostro tempo.* Bologna, 1973. p. 70.

soa será capaz de amar os outros, *idealmente a todos,* sem recusar ninguém;

- mas tal amor dita também o estilo aos outros amores: aquele que o virgem ama com todo o seu ser se torna também o *modo de amar* do virgem.

Também isto é pureza de coração: uma perfeita consequencialidade e convergência entre objeto de amor e estilo amante, que é o que nos diz indiretamente o texto evangélico: a bem-aventurança do puro de coração, de fato, e então também a qualidade do seu amor, se compreende apenas ligando-a com as outras bem-aventuranças.

Amor pobre

É o amor do "pobre de espírito", ou seja, daquele que se sente amado na sua pobreza e não na sua amabilidade, portanto em termos de absoluta gratuidade e além de todo mérito seu. Mas, é também amor de quem se sente benquisto por um amor grande e para sempre. Este amor, de um lado, o sacia e o torna agradecido; de outro, o liberta da ânsia do acúmulo – acúmulo afetivo, em particular – e lhe faz experimentar e escolher a sobriedade nas relações, nos gestos, na expressão de si, para que surja o essencial, que é o amor eterno, o primeiro e o último, e para que este seja também o amor único, sempre no centro da sua vida e de todo o seu afeto, até o ponto de renunciar – pobreza ulterior – também a uma experiência entre as mais enriquecedoras, belas e prazerosas para o ser humano, como é a sexual.

Só Deus conhece o perfume deste sacrifício!

Amor misericordioso

A misericórdia é o amor em excesso, a medida "boa, calculada, sacudida, transbordante" (Lc 6,38) que vai além da justiça, que não é regulada pelo mérito do outro, nem pelos próprios interesses. Por isso, pode perdoar apenas quem não esbanjou, mas conservou, capitalizou e concentrou, num coração puro, o amor – que se torna, por isto, excesso de amor nele, e permite, depois, amar também a quem é menos amável ou não o merece ou que nos magoou, até o ponto de experimentar a mesma misericórdia do Eterno.

Tal como Isaac, o Sírio, deseja na sua oração: "Que a misericórdia prevaleça sempre sobre a tua balança, até o momento em que sentirás dentro de ti a misericórdia que Deus experimenta em relação ao mundo".

Quem não perdoa não dispõe daquele excesso; tem uma medida pequena e mesquinha de amor, fruto de cálculos e contas que nunca dão certo (sente-se sempre em crédito, como se tivesse sempre que reprovar a vida e os outros por não lhe ter dado o amor que merece); e esta medida, ele se agarra tanto a ela a ponto de sufocá-la. É um impuro.

Amor pacificador

Quem ama com todo o seu ser é fiel ao Amado, vive na harmonia e na paz, e não pode deixar de semear ao seu redor serenidade e concórdia. Isto não porque seja um tipo calmo e pacifista, ou por natureza levado a mediar e evitar conflitos, talvez para não complicar a sua vida e relações, mas porque profundamente modelado naquele amor que é a verdade da sua vida, e naquela coerência que nasce do amor. Ora, nada como a coerência – sabemos bem – distende, sacia, dá força, faz ficar em paz consigo mesmo e torna empreendedor para "construir a paz" em qualquer relação.

A guerra, pequena ou grande, também entre nós, nasce sempre em corações impuros.

Amor manso e perseguido

Se pureza de coração significa concentração de amor, então não é só observância ou energia usada para superar as tentações, mas é investimento energético que multiplica o amor e a capacidade de difundi-lo, a ponto de nos tornar capazes de carregar sobre os ombros o peso do outro, do seu limite, do seu pecado, até mesmo de sua recusa e da sua ofensa, e de sermos livres de responder ao mal com o bem.

É a força extraordinária do manso, que não pertence à categoria dos tímidos e medrosos, mas, diferentemente, deve ser buscada entre quem não está por demais preocupado consigo e toma cuidado do outro. É a força extraordinária do Cordeiro de Deus, que justamente por isso carrega sobre si o pecado do mundo, tolhe-o e nos salva.

É a força extraordinária do puro de coração, que segue o Cordeiro para onde quer que vá (Ap 14,1).

O violento, ao contrário, é um débil irritado com a sua fraqueza; homem de lábios e mãos impuras.

"Bem-aventurados..."

Talvez, a coisa de mais singular e original do texto bíblico é exatamente *o convite à bem-aventurança do coração puro*, e, com toda probabilidade, é também a menos compreendida. Se de fato a tivéssemos compreendido, não ficaríamos tão embaraçados e incertos ao propô-la aos jovens, e não haveria na Igreja esta espécie de conjuração do silêncio, do "silêncio impuro" e ensurdecedor sobre a pureza do coração.[5]

Nem bem-aventurados...

Mas, não se trata apenas de uma questão de parrésia, ou seja, de uma afirmação retórica audaz no anúncio, ou de formular palavras justas no momento acertado para dizer coisas insólitas para a cultura hodierna. O problema não é a pureza do virgem, mas a *bem-aventurança do virgem na sua pureza*. Pelo menos, isto parece ser o drama de tantos celibatários por causa do Reino: nem tanto o cansaço (provavelmente benemérito) da observância virtuosa, quanto a liberdade de buscar e encontrar nela a felicidade!

Existem por aí celibatários cuja virtude e rigor comportamental não seriam lícitos a ninguém pôr em dúvida, mas que, com uma teimosia igualmente proporcional, espalham ao redor de si tristeza e insatisfação; ou celibatários que são tão austeros e sérios, "cansados

---

[5] Sobre o "silêncio impuro" acerca da pureza, castidade e virgindade, cf. CENCINI, *O fascínio sempre novo da virgindade;* Deixando um silêncio "impuro" e buscando uma jovial coragem. 2 ed. São Paulo, Paulinas, 2002.

e oprimidos" a ponto de se fazerem os piores agentes publicitários de si mesmos ou as testemunhas mais contraditórias daquilo que escolheram (pobre animação vocacional!). São celibatários tão emotivos e susceptíveis, necessitados de apoio e compensações que deixam entrever o vazio no coração; celibatários que são, sim, castos e puros, mas que, isolando-se como seres "a-sociais", também um pouco azedos, temem ou desprezam o mundo.

Todos estes personagens, e ainda outros, não são "bem-aventurados"...

... nem puros de coração

Mas, então, não são tampouco puros de coração.

Devemos compreender que a bem-aventurança é componente essencial da pureza do coração, não é uma simples consequência sua ou elemento facultativo e acessório, nem, menos ainda, exagero ou esteticismo de maneira a ter jeitos atraentes. Tampouco é questão de caráter ou dote natural, mas expressão global da pessoa que se sente possuída por um grande amor e é feliz. Calar sobre este amor ou não gozá-lo são duas formas de impureza.

E é bem-aventurança – fique claro – que não exclui o sacrifício, mas convive com ele, ou melhor: uma autentica o outro. O virgem puro de coração do qual falamos não é um bobo alegre (que não sabe o que perdeu...), mas discípulo que está descobrindo, na renúncia, a condição da sua liberdade; na solidão do coração, a intimidade com o Eterno; na estéril pobreza da sua carne, o sinal misterioso de uma impensada e rica fecundidade.

E isto o faz feliz, bem-aventurado, de uma bem-aventurança contagiosa, naturalmente.

"... porque verão a Deus"

Pureza de coração – dissemos – é cultivar um só desejo, uma única aspiração, que, depois, é realmente o único verdadeiro desejo humano: *ver a face do Pai*. O puro de coração anuncia que não existem outros desejos,[6] e que se, agora, ainda não é possível a visão plena e solar, certa intuição ou olhar fugaz, mas que de alguma forma atinge fragmentos de verdade, semelhante a uma *cognitio vespertina,* é sem dúvida já realizável.

Do olhar humano ao divino

O puro de coração exercita-se, então, nesta visão, aprendendo lentamente a observar no humano os traços do divino, ou nos rostos dos irmãos e irmãs as aparências do rosto divino.

Puro é o olhar que sabe captar beleza e verdade nas coisas, e especialmente nas pessoas, olhar das origens, de quem descobre a bondade-beleza dos inícios, aquele pedestal puro e duro que resiste (existe) em cada um de nós para além de qualquer deformação; puro é o

---
[6] "Quando dizemos Deus, o que queremos exprimir? Estas duas sílabas são *tudo aquilo* que esperamos" (AGOSTINHO. *Tratado sobre a primeira carta de João,* Tratt. 4: PL 35, 2009).

olhar de quem percebe o corpo na sua dimensão pessoal e expressiva, na sua beleza essencial e total, ainda antes e muito mais do que como objeto de prazer. Puro é o olhar que apreende a presença do outro a partir da sua face.[7]

"E quando é que o homem sabe que chegou à pureza? – pergunta-se Isaac de Nínive. Quando considera que todos os homens são bons e quando nenhum ser humano lhe parece impuro e maculado, então, é verdadeiramente puro em seu coração."[8]

Puro é o olhar "curioso" do Padre Christian, um monge trapista trucidado pelo terrorismo islâmico, que no seu testamento – dirigindo-se àquele que lhe tirará a vida ("amigo da última hora") – sonha, na visão "beatífica", poder finalmente mergulhar o próprio olhar "naquele do Pai para contemplar com ele os seus filhos do Islã *assim como ele os vê,* todos iluminados pela glória de Cristo, fruto da sua paixão, investidos pelo dom do Espírito...".[9]

Do olhar divino ao humano

Sobretudo, é puro, no início da missão de Jesus, o olhar do "Pai que sorri para o Filho e do Filho que sorri para o Pai, enquanto o sorriso deles causa prazer, e o prazer causa alegria, e a alegria causa o amor".[10]

---

[7] LACROIX, X. *Il corpo di carne,* p. 76.
[8] ISACCO DI NINIVE, *Discorsi ascetici,* 85, Magnano, 2004. pp. 340-341.
[9] B. OLIVERA (ed.), *Martiri in Algeria;* La vicenda dei sette monaci trappisti. Milano, 1997, p. 9.
[10] ECKHART, M. Apud RADCLIFFE, T. Forti nella debolezza. *Testimoni* 20(2003),27.

Se no coração da vida de Deus existe este sorriso que não pode ser contido, o puro de coração é destinado a encontrar sua morada neste recíproco sorriso-prazer-alegria-amor, deixando que aquele olhar cruze e ilumine também o seu rosto e, por este, incida sobre muito outros, enquanto no coração lhe cantam as palavras do amor eterno: "Tu és o meu predileto".

O puro de coração é, de fato, um pré-dileto: é amado *antes,* para além dos méritos e observâncias, até para além e antes da sua observância celibatária, portanto, para sempre e por um grande amor.

Puro de coração porque livre de qualquer pretensão e com o olhar pleno de surpresa.

Espiritualidade patrística
Bem-aventurados os puros de coração
Mansidão e castidade

Quanto mais se progride na mansidão e paciência do coração, tanto mais se cresce na pureza do corpo; quanto para mais longe se repele a paixão da ira, tanto mais tenaz será a perseverança na castidade. Na verdade, somente quem já tiver reprimido as paixões do espírito poderá apagar também os ardores do corpo.

Isto fica bem claramente demonstrado por uma bem-aventurança exaltada pela boca do nosso Salvador: *Felizes os mansos, porque receberão a terra em herança* (Mt 5,5).

As armas da mansidão

Ora, não há outro modo de possuir a nossa terra, isto é, de reduzir a nosso poder a terra rebelde deste corpo, a não ser construindo, antes de tudo, o nosso espírito com a doçura da paciência. Ninguém vencerá nas guerras desencadeadas pela paixão contra a carne, se antes não recorrer às armas da mansidão: Na verdade, *os mansos possuirão a terra* (Sl 36,11) e *nela habitarão para sempre* (Sl 36,29). Depois, no restante do salmo, o próprio Profeta nos ensina como podemos conquistar esta terra: *Confia no Senhor e segue seu caminho; ele te exaltará e terás como herança a terra* (Sl 36,34).

Terra de paz

Uma coisa, então, é certa: só poderá possuir seguramente esta terra quem, trilhando os duros caminhos do Senhor e observando com a tranquila doçura da paciência os seus preceitos, for por ele exaltado, depois de ter sido libertado do lodo das paixões carnais.

Os mansos, então, *possuirão a terra;* e não só isso, mas *gozarão de imensa paz* (Sl 36,11). Uma paz da qual ninguém, com o corpo ainda atormentado pelos assaltos da concupiscência, poderia gozar de maneira estável.

O fogo do Senhor queimará as armas do demônio

De fato, este deverá sofrer os terríveis ataques dos demônios e, transpassado pelas flechas incandescentes da luxúria, será privado da posse da terra até que o Senhor não *faça acabar com as guerras até nos confins da terra, e quebre os arcos e parta as lanças, queime no fogo os carros de guerra* (Sl 45,10). E este fogo é claramente aquele trazido pelo Senhor à terra (cf. Lc 12,49), como também o arco e as armas que ele quebrará não são senão as inspirações perversas que assolam, dia e noite, este homem e lhe transpassam o coração com os dardos abrasados das paixões.

Na mansidão está a abundância da paz

Assim, quando o Senhor, colocando fim à guerra, o tiver libertado de todo assalto de tentação, este conseguirá um tal estado de pureza que começará a gozar dela como de um puríssimo tabernáculo, sem mais aquela confusão que lhe suscitava horror até de si mesmo, ou seja, da própria carne, enquanto sofria seus assaltos. *Não poderá te fazer mal a desgraça, nenhuma praga cairá sobre a tua tenda* (cf. Sl 90,10).

Com a virtude da paciência, ele realizará as palavras do Profeta de modo que, graças à mansidão, não só herdará a terra (cf. Mt 5,5), mas também *gozará de uma imensa paz*.

Enquanto dura o afã da luta, não há lugar para esta grande paz, porque não está escrito "gozarão da paz", mas de uma abundância de paz (cf. Sl 36,11).

A mansidão é remédio do coração

A partir disso, fica claro que a paciência é o remédio mais eficaz do coração, conforme ao dito de Salomão: *O homem manso é o médico do coração* (Pr 14,30). Ela, na verdade, não extirpa pela raiz só a ira, a tristeza, a preguiça, a vanglória e a soberba, mas também a vontade e todos os vícios.

Na longanimidade, como diz Salomão, *está a prosperidade do rei* (Pr 25,15). Quem sempre é manso e tranquilo não perturba, nem arde de ira, não se aflige com a pena da preguiça e da tristeza, não transborda de vanglória nem se exalta e incha de orgulho. *Grande paz, de fato, para quem ama tua lei tem muita paz, no seu caminho não há tropeço.* (Sl 118, 165). Portanto, está escrito com razão: *É melhor o paciente que o valente, quem domina a si mesmo vale mais que o conquistador de cidades* (Pr 16,32)."

(JOÃO CASSIANO, Collatio XII, 6, M. SPINELLI (ed.), *Le beatitudini nel commento dei Padri latini*, Roma, 1982, pp. 209-212.)

Centralidade do coração

"A graça esculpe no coração dos filhos da luz as leis do Espírito. Eles não devem, então, haurir confiança somente nas Escrituras de tinta, porque a graça de Deus esculpe as leis do Espírito e os mistérios celestes também sobre as tábuas do coração. O coração, de fato, comanda e governa todo o corpo. Uma vez que a graça se assenhoreou das pastagens do coração, ela reina sobre todos os membros e sobre todos os pensamentos. Nele, na verdade, está a mente, e todos os pensamentos da alma e a sua esperança. Através do coração, a graça passa para todos os membros do corpo.

(PSEUDO MACÁRIO. *Quinta homilia*. 20: PG 34,589.)

Espiritualidade moderna

Um coração indiviso

"Quem está casado, devendo preocupar-se com as coisas do mundo e em agradar à mulher e ao marido, 'fica dividido', enquanto que a virgindade permite viver na 'intimidade do Senhor sem distrações'. Eu dizia ainda há pouco que o estado de virgindade, como é apresentado por São Paulo, não é algo subjetivo ou psicológico, mas sim objetivo, que tem como centro e como alvo o Senhor, e não o próprio bem da pessoa. Mas agora devemos dizer que, mesmo subordinadamente, desempenha também essa segunda função de promoção e de valorização da pessoa. Ou seja, tem também um grande valor subjetivo e existencial. Pois ajuda a pessoa a realizar a empresa mais difícil e mais bela que existe: a de sua própria reunificação interior, passando de 'uma pessoa' a 'pessoa una'.

Existe uma diáspora, uma dispersão também dentro de nós. Se Jesus me perguntasse como àquele pobre homem do evangelho: 'Como te chamas?', também eu deveria responder: 'Meu nome é legião, somos muitos' (cf. Mc 5,9). Somos tantos quantos são nossos desejos, projetos e magias cultivadas, todos diversos e contrários entre si, arrastando-nos em direções opostas; literalmente são forças de distração. A virgindade é uma grande ajuda para avançar nesse caminho para a unidade interior, porque permite viver na 'intimidade do Senhor sem distrações'. Na unidade em si mesmo e na unidade com o Senhor, nisso consiste a unidade de que estamos falando. Escreveu Santo Agostinho: 'A continência, de fato, recolhe-nos e leva para aquela unidade que abandonamos perdendo-nos na multiplicidade. Ama-te menos [está falando com Deus] quem ama outras coisas contigo, sem amá-las por tua causa' (*Confissões*, X, 29).

Essa unidade é o que Jesus chama de 'pureza de coração', que se manifesta principalmente no plano da vontade. Consiste em querer sempre menos coisas, até chegar a querer 'uma coisa apenas'. Quando uma pessoa, com toda a verdade, pode dizer com o salmista: Uma só coisa pedi ao Senhor, só isto desejo (Sl 27,4) e fora de ti, ninguém mais desejo sobre a terra (Sl 73,25), então, sim, está aproximando-se da virgindade do coração, da qual a física é sinal e proteção. Porque a virgindade do coração consiste no querer uma só coisa, quando essa coisa é Deus."

(CANTALAMESSA, R. *Verginità*. Milano, 1988, pp. 43-44.)

A atração para o Centro

"A pureza, no sentido mais amplo da palavra, não é só ausência de culpa..., nem tampouco a castidade (que representa apenas um seu notável caso particular). É a retidão e o ímpeto que o amor de Deus buscado em tudo e acima de tudo coloca dentro de nossas vidas. É espiritualmente impuro quem, tornando-se indigno no gozo, ou ensimesmando-se, introduz em si e ao redor de si um princípio de afrouxamento e divisão na unificação do Universo em Deus. Pelo contrário, é puro aquele que, com relação ao seu lugar no Mundo, busca fazer prevalecer sobre o seu interesse imediato e momentâneo a preocupação da consumação de Cristo em todas as coisas, uma continuidade, uma intensidade, uma realidade sempre maior, seja porque, por vocação, ele deve se mover sempre nas mesmas zonas materiais do Mundo..., seja porque, mais frequentemente, ele passe para regiões em que o Divino se substitui para ele, pouco a pouco, a todo outro alimento terreno. Assim entendida, a pureza dos seres se mede pelo grau *de atração que os leva para o Centro divino,* ou seja, e é a mesma coisa, pela sua *proximidade* daquele Centro. A experiência cristã nos ensina que se mantém graças ao recolhimento, à oração mental, à pureza da consciência, à retidão da intenção, aos sacramentos... Aqui nos contentaremos em exaltar a sua prodigiosa capacidade de condensar o Divino ao redor de nós.

Em um de seus relatos, Benson imagina um 'vidente' que chega a uma capela isolada, na qual uma monja está rezando. Entra. E eis que, ao redor daquele lugar ignorado, vê improvisamente o Mundo inteiro convergir, mover-se, organizar-se segundo a intensidade e a inflexão dos desejos daquele frágil orante. A capela do convento se tinha tornado o polo em torno do qual a Terra girava. Em torno de si, a contemplativa sensibilizava e animava todas as coisas, porque tinha fé, uma fé operante, pois a sua alma puríssima a punha muito próxima de Deus. [...] Se fôssemos capazes de perceber a 'luz invisível' igualmente das nuvens, do raio ou do brilho do sol, as almas puras nos apareceriam, neste Mundo, com a sua única pureza, igualmente vivas dos vértices nevoentos cujos cimos impassíveis aspiram continuamente para nós as energias errantes da alta atmosfera. Queremos que se adense ao nosso redor o Ambiente Divino? *Recolhamo-nos e alimentemos com zelo todas as forças* de união, de desejo, de oração que a graça nos apresenta. Já pelo simples fato de que conseguirá um aumento da nossa transparência, a luz divina, que não cessa de nos pressionar, se fará sempre mais intensa."

(TEILHARD DE CHARDIN, P. La purezza. *L'ambiente divino*. Milano, 1968, pp. 158-161.)

Pureza como transparência

"A verdadeira pureza de coração não consiste no estar livre da contaminação deste mundo. Encontra-se mais no estar plenamente presente naquilo que fazemos e somos, com um rosto e um corpo que exprime a nós mesmos, para além do engano e da duplicidade. Os puros de coração não se escondem por detrás dos seus rostos, com ares cautelosos. Os seus rostos são *transparentes,* não mascarados, com a nudez e a vulnerabilidade de Cristo. Eles possuem a sua liberdade e espontaneidade. 'Só que tem um coração puro pode sorrir com uma liberdade que cria liberdade nos outros'."

(PIEPER, J. *A Brief Reader on the Virtues of the Human Hearth*. San Francisco, 1994, 44. Apud RADCLIFFE, T. La promessa di vita. *Regno-Documenti* 19(1998), p. 631.)

Poesia virgem

Fica comigo

Fica comigo,
a tarde está caindo
sobre o meu corpo
e a escuridão me encobre a vista.
Com que olhos poderei ver
senão com os Teus?[11]

---
[11] PEIRANO, M. *La via*, p. 27.

VI

A ALEGRE NOTÍCIA DA CASTIDADE EVANGÉLICA

❄

"Eu vos exorto, irmãos, pela misericórdia de Deus, a oferecerdes vossos corpos em sacrifício vivo, santo e agradável a Deus: este é o vosso verdadeiro culto. Não vos conformeis com este mundo, mas transformai-vos, renovando vossa maneira de pensar e julgar, para que possais distinguir o que é da vontade de Deus, a saber, o que é bom, o que lhe agrada, o que é perfeito" (Rm 12,1-2).

"Ao entrar no mundo, Cristo declara: 'Não quiseste vítima nem oferenda, mas formaste um corpo para mim. Não foram do teu agrado holocaustos, nem sacrifícios pelo pecado'. Então eu disse: 'Eis que eu vim, ó Deus, para fazer a tua vontade, como no livro está escrito a meu respeito'" (Hb 10,5-7).

A escolha de viver virgem supõe um relacionamento correto com a sexualidade e o próprio corpo, junto à capacidade de concentrar a própria energia afetiva num único amor (pureza). Mas, como atingir a um e outro?

É a castidade que permite fazer este importante percurso de vida,

> castidade como virtude moral que
> regula o exercício da sexualidade
> segundo o estado de vida da pessoa,
> em função dos seus valores
> e no respeito da natureza da
> própria sexualidade.

Se coração puro é o coração de quem tem um só amor e concentra toda a sua energia afetiva numa única direção (alinhada com a própria identidade), tem um coração casto quem aprendeu e está aprendendo a *orientar o eros (a energia afetivo-sexual) e as pulsões sexuais para o seu fim específico e segundo as suas escolhas pessoais de vida.*

Daí nascem algumas consequências ou esclarecimentos relevantes.

O "evangelho" da castidade

Antes de tudo, a castidade é uma boa nova. Deve-se destruir por completo a ideia negativa e redutiva desta virtude, como se ela derivasse apenas de um cansativo projeto de observância ou como se ela se identificasse com uma continência que procede só do dever ou de uma certa ideia de perfeição que torna triste quem a ela tende. Muito menos, deve-se pensar nela como se correspondesse a uma renúncia que nasce do desprezo do corpo ou do medo do sexo e termina por empobrecer o falso asceta. A castidade é uma postura de fundo, como um modo de ser, de entender a vida e de se relacionar consigo e com os outros, que ultrapassa a realidade puramente genital-sexual, mas que, depois, consente captar-lhe a verdade e realizar seus fins. É um fato místico, não só ascético, tanto que, segundo Clément, "para compreender todos os aspectos da castidade, é preciso reler o Cântico dos Cânticos".[1]

E é virtude própria *de todos,* seja para quem pratica a sexualidade no matrimônio, seja para quem decidiu não praticá-la. Sem dúvida, traz consigo uma renúncia, mas, ainda antes e sobretudo, "significa energia espiritual que sabe defender o amor dos perigos do egoísmo e da agressividade e sabe promovê-lo rumo à sua plena realização..., virtude que promove em plenitude a sexualidade da pessoa e a defende de todo empobrecimento e falsificação"[2] ou de tudo aquilo que a faz menos humana.

A castidade é "a sexualidade colocada a serviço do amor" (L. Rossi).

Por isso, é uma "boa nova", pois indica o amadurecimento de todo o ser do homem que consegue viver o amor e experimentá-lo com o corpo na sinceridade e verdade. Seria muito pouco dizer que a castidade é um modo de regular a vida sexual, porque, ao contrario, ela educa o corpo a exprimir realmente o amor e os sentimentos de ternura e de sensibilidade, de gosto pela beleza e de fascínio pela verdade, até a liberdade do dom de si.

Em definitivo e para o dizer com uma imagem, sinal ideal e eloquente da castidade do consagrado é Fran-

---

[1] CLÉMENT. Quell'amore, 'a geometria variabile'. *Avvenire* 5/5/2003. p. 21.
[2] CEI. *Direttorio di pastorale familiare per la Chiesa in Italia.* Roma, 1993, p. 44 e notas 12-14.

cisco, que beija com ternura o leproso – como diremos melhor à frente –, e não o celibatário rigorosamente observante, rígido e frio como um bacalhau e, também, um pouco "antissocial".

O mistério do coração casto

No início das nossas reflexões sobre a virgindade, dissemos que a sexualidade é expressão e cifra do mistério humano, ponto central e incandescente para onde convergem, reencontrando unidade, polarizações opostas (feminilidade e masculinidade; identidade e alteridade; amor a si e amor ao outro; tentações e aspirações...). Também a castidade exprime este mistério em que os opostos se recompõem em continuação. Nela, de fato, não há só a tensão em direção aos valores do espírito, mas também em direção àqueles inscritos na corporeidade e genitalidade. A castidade não é fidelidade apenas à escolha virginal, mas também à própria sexualidade. Melhor: a escolha virginal é casta somente quando consegue e promove a beleza e função da sexualidade, com todo o empenho que isto comporta: só então é aquilo que diz ser.

Dupla "obediência"

A castidade do virgem tem como que uma dupla obediência, ou seja, é síntese de duas atenções e paixões: pela própria *opção celibatária* subjetiva e pelos valores objetivos da *sexualidade* e, ainda primeiro, da sua *corporeidade*. O corpo por acaso não é desde sempre "o próprio sujeito de uma fé que ousa afirmar com o seu frágil e exaltante tecido a indissolúvel comunhão da carne com Deus"?[3]

Castidade, então, quer dizer renunciar, pelo Reino, ao exercício genital *sem renunciar ao fim natural da sexualidade,* como delineamos no capítulo terceiro, com aquela tríplice fundamental tendência que constitui como que o seu DNA: rumo à relação, rumo à alteridade, rumo à fecundidade, ou seja, contra o fechamento narcisista, contra a homologação do outro, contra a esterilidade. Castidade (virginal) significa, de modo mais positivo, realizar o fim específico da sexualidade *através da escolha virginal:* como se fosse uma aposta, demonstrar que é possível viver a própria sexualidade também na escolha celibatária por causa do Reino dos céus.

Por isso, não basta, para ser casto, negar-se aos assim chamados "prazeres da carne", mas é preciso captar na luminosidade e na ambiguidade da carne a incancelável presença do Espírito, a "centelha pascal",[4] e favorecer o potente impulso que a sexualidade imprime na relação com o outro diferente-de-si, para que seja fecunda.

Justamente graças a esta dupla obediência, a continência casta permite ao celibatário por causa do Reino se tornar, como dizia no Egito Evágrio Pôntico no século IV, "separado de todos e unido a todos".[5]

---

[3] NERI, M. Linguaggio del corpo: splendore e senso. *Settimana* 11(2004), 11.
[4] CLÉMENT, O. *Riflessioni sull'uomo.* p. 101.
[5] EVÁGRIO PÔNTICO. Apud CLÉMENT, op. cit., p. 21.

Sã renúncia

Não é casta, então, a vida de quem, para manter a fidelidade a um dos dois polos de valor (ou a uma das duas "obediências"), renuncia à outra ou a subestima, quase se autodispensando dela, de modo mais ou menos inconsciente.

Se, por exemplo, a renúncia ao exercício da minha genitalidade me fecha à relação com o outro ou me torna estéril e improdutivo, triste e insignificante, aquela renúncia não é sã, nem casta, e também tem, via de regra, pouca capacidade mesmo se feita em nome da minha virgindade (para protegê-la, como se pensava há algum tempo). Da mesma forma, ao contrário, se a pretensão de ser como os outros e de gratificar certas exigências afetivas me impede, de fato, de testemunhar Deus como o único grande amor, o primeiro e o último amor, que me abre para todos, a minha renúncia seria só ficção e até mesmo falsa.

É sã a renúncia que respeita e "obedece" a ambos os planos e valores, aquela que me faz ser homem espiritual e carnal, e que deixa transparecer o sentido do corpo sexuado tornado, de modo misterioso, fecundo justamente pela renúncia.

Tal renúncia aspirada e motivada não entristece o espírito de quem a pratica e se torna um belo testemunho de como Deus preenche o coração do virgem. De fato, favorece a concentração do amor e é mais possível e menos cansativa do que uma renúncia que não nasce desta síntese ou está menos atenta à gramática do corpo.

Então, o pecado contra a castidade é:

- a sexualidade incontrolada, ou por excesso;
- a sexualidade removida, ou por falta;
- a sexualidade desintegrada, não bem equilibrada nem integrada com o amor.

A verdade do corpo casto

A castidade – dissemos de início – é virtude que regula; é, portanto, norma, lei comportamental, com suas obrigações e proibições. Talvez, também por isto, não está entre as virtudes mais "populares", mesmo nos nossos ambientes, e muito menos é estilo de vida proposto na cultura hodierna. Isto acontece devido a uma série de equívocos que – quem sabe – também nós contribuímos para que nascessem.

Forma e norma

Toda *norma,* se não quer correr o risco do legalismo ou do farisaísmo hipócrita, tem necessidade de se prender a uma *forma,* no sentido pleno do termo, como modo de ser e estilo existencial. Ou melhor: a norma nasce de uma forma e está em função dela. Assim como, de outro lado, toda forma, se não quiser se tornar evanescente e insignificante, deve se concretizar nas normas.

Mas, qual é a forma para a qual tende a vida cristã e, ainda mais, quem escolhe ser virgem por causa do Reino dos céus?

É a forma de Jesus e dos seus sentimentos, ou, ainda mais precisamente e muito concretamente, é a forma *do corpo do crucificado e ressuscitado*. Não só porque Jesus foi virgem, mas sobretudo porque o seu corpo expressou, ao longo dos dias de sua vida terrena até o epílogo do Gólgota, a verdade do corpo humano, que é *fruto e sinal de um amor recebido que tende, por sua natureza, a se tornar bem doado,* como vimos no capítulo terceiro. "O corpo é verdadeiro, e não mente, quando se encontra na forma da oferta".[6]

A castidade é *a norma a serviço desta forma,* é a isto que visa explicitamente esta conexão entre forma e norma, pondo-se entre uma e outra (sempre na lógica do mistério como ponto intermédio entre polaridades diversas), a fim de que "a forma do corpo de Jesus se torne a forma (e a norma) do nosso corpo, e não haja contradição entre o confessar Jesus e a forma do nosso corpo".[7] Ainda brincando com a assonância dos termos, a castidade é *norma* que nasce de uma *forma* para seguir as pegadas* do Senhor crucificado.

Em outras palavras, a castidade é a virtude que impele e provoca o corpo a ser verdadeiro e a encontrar a verdade no dinamismo da oferta, a não se fechar em si mesmo (as várias formas de masturbação, não só físico-genital), a não se colocar no centro da vida e das relações (as sutis formas de narcisismo), a não se

---

[6] ANTONELLI, M. *Alla ricerca del corpo perduto*. Un invito alla riflessione. Milano, 2004. p. 83.
[7] Ibid., p. 11.
*Em italiano, a assonância se dá de modo perfeito: *la castitá è norma che nasce da una forma per seguire le orme del crocifisso Signore"*. (N.T.)

contentar com o seu bem-estar, material (o excesso de preocupação com a saúde), ou psicológico (a autorrealização) ou espiritual (a santidade entendida como perfeição individual, ou – seja como for – tudo aquilo que torna estéril e improdutivo o celibatário).

Mas, então, existem outras passagens importantes sempre na direção da verdade do corpo casto.

Espiritual e carnal

"Espiritual" não significa imaterial, de *per se*, nem uma substância superior ou um ente misterioso, mas um dinamismo, um modo de ser que se pode também conquistar, ou melhor, que cada homem deve lentamente conquistar. Como ou qual é este dinamismo?

É "o dinamismo de *abertura à alteridade*"[8] num gesto de acolhimento do tu e de doação de si, pois, segundo Lévinas, "*o doar* é o movimento originário da vida espiritual".[9] Contudo, o doar, por sua vez, se não quiser ser ilusório e genérico, só é possível mediante o corpo, só então é concreto e efetivo doar-se e, sobretudo, é dom de si, da própria vida, não de coisas ou objetos externos ao eu ("não o sangue de carneiro e bodes"), nem de simples aspirações e fantasias pretensiosas. Tal como fez o Filho que, "ao entrar no mundo, afirma: 'Tu não quiseste vítima nem oferenda, mas formaste um corpo para mim. [...] Então, eu disse: Eis que eu vim, ó Deus, para fazer a tua vontade'" (Hb 10,5-7).

---

[8] LACROIX, X. *Il corpo di carne*, p. 236.
[9] LÉVINAS, E. Textes messianiques. *Difficile liberté*. Albin Michel, 1976, p. 87.

Equivale a dizer: o espiritual (a vontade do Pai) se manifesta no carnal (o acolhimento desta vontade no corpo do Filho); é sob esta condição que o espiritual não só se torna visível, mas também se efetiva. O espiritual, em outras palavras, tem necessidade do carnal, enquanto o corpo é chamado a se tornar espiritual, e assim se torna entrando no dinamismo do dom. Devemos nos tornar seres espirituais *e* carnais ao mesmo tempo.

Tornar-se espiritual é viver o próprio corpo como doado e feito para o dom e para a relação. Tornar-se carnal é escutar o próprio corpo, decifrar a sua linguagem e intuir a sua dignidade naquela busca de amor e verdade que, muitas vezes, se esconde como necessidade profunda por detrás de certos pedidos seus. Mas, quer também dizer aceitar ser sensível, vulnerável, fraco e capaz de compreender a fraqueza do outro. Quando o coração de pedra se torna coração de carne, o sujeito, de duro que era, se torna terno. E descobrindo a própria fraqueza não recusa mais a do outro... "Longe de ser desencarnação, *a espiritualização é encarnação.*"[10]

A castidade é a expressão deste processo de duplo sentido, e ao mesmo tempo é a expressão que permite a passagem do coração de pedra ao coração de carne, do ser espiritual ao ser encarnado (e vice-versa);[11] não é casto o coração presunçoso e duro, quem não perdoa nem se abre às necessidades do outro, ou quem vive o próprio dom como coisa essencial e he-

---

[10] LACROIX, X. Op. cit., p. 235.
[11] Significativa, na profecia de Ezequiel, a sequência entre coração novo e espírito novo, entre coração de pedra e coração de carne (cf. Ez 36,26).

roica e não compreende que "as necessidades materiais do meu próximo são necessidades espirituais para mim".¹² A castidade permite realizar aquele tipo de homem que se tornou "carnal até no seu espírito, e espiritual até na sua carne" (Agostinho). Ou, como diz o *Catecismo da Igreja Católica,* "a castidade significa a integração correta da sexualidade na pessoa e com isso a unidade interior do homem em seu ser corporal e espiritual".¹³

Dolum e Donum

Poderia parecer simples a tarefa desta virtude, mas não o é porque o corpo é cheio de violências e ambiguidades, de ressentimentos e "autorredobramento sobre si", que muitas vezes falsificam o relacionamento com o outro, instrumentalizando o tu e frustrando aquela tendência heterocêntrica que também a sexualidade estimula em todo ser humano.

É sutilíssimo o mecanismo que põe o eu do virgem no centro da relação, tão sutil e refinado que, não raro, escapa até ao sujeito (mesmo porque no centro nos sentimos bem...) e aos seus instrumentos de observação (especialmente se não os usa); tem toda a aparência do amor, mas na realidade é engano que corrói os afetos mais intensos e deforma o rosto dos amantes porque, por detrás das palavras de um repetitivo voca-

---

[12] SALANTER, I. Apud MALKA, S. *Leggere Lévinas.* Brescia, 1986. p. 56.
[13] *Catechismo della Chiesa Cattolica.* Roma, 1992. n. 2337. [Edição brasileira: *Catecismo da Igreja Católica.* São Paulo/Petrópolis: Loyola/Paulinas/Ave-Maria/Paulus/Vozes, 1998.]

bulário que parecem afirmar com originalidade o dom ou a oferta de afeto ("você é meu e eu te pertenço", "sem você a minha vida não tem sentido", "só você me faz sentir realizado", "ninguém nunca me deu aquilo que você me dá"), encobre diferentes estratégias de sujeição do tu e de invasão do eu. O próprio corpo, então, não está mais na forma da oferta, torna-se falso ou "dis-forme" (perdeu a própria forma), instrumento e, depois, terra de conquista.

É um *dolum* e não um *donum,* mas é difícil ter consciência do "engano". Castidade é ter pacientemente apreendido esta arte, é o cuidado vigilante de um coração atento àquilo que acontece nas suas recônditas profundezas, vigilante porque cioso do amor que o habita, atento porque atraído, quase, subjugado pelo mistério do corpo humano, "templo" de Deus (Cf. 1Cor 6,19)!

Morte e ressurreição

A castidade do virgem é renúncia, é dizer não a uma das realidades mais atraentes e ricas do mistério da existência humana como a comunhão plena dos corpos e da vida; é *morte.*

É importante reconhecê-lo sem perder tempo com patéticas restrições mentais para justificar miseráveis compromissos ("Até aqui se pode", "Mas que há de mal em se querer bem?", "Não posso renunciar a tudo!", "Chega de tabus, certas exigências merecem gratificação"). Também aqui bastaria saber ler o próprio corpo, o qual, quando é estimulado, é capaz de uma miríade de emoções, que ajudam a discernir a qualidade do relacionamento. Estamos mesmo seguros de saber ler o nosso corpo com as suas emoções e reações?

Em força desta leitura poderemos restituir ao corpo a dignidade de ser "a nossa boa consciência";[14] mas, sobretudo, graças à lucidez e coerência com que como virgens vivemos a nossa morte, nos tornaremos capazes de encontrar as palavras da vida, para dizer ao homem e à mulher de hoje o inaudito cristão do destino último do corpo: "Ressurgirá cada corpo que no seu estar no mundo tiver, de algum modo, representado os movimentos do corpo de Jesus.

Viverá para sempre na alegria de Deus cada corpo que tiver assimilado, como substanciosa nutrição, a forma do corpo de Jesus: o dom, a comunhão".[15]

A nossa castidade é profecia daquele dia belo e radioso!

Espiritualidade patrística
O mais belo...

"Recusastes a contrair núpcias com os homens de quem poderíeis ter concebido filhos dos homens. Lembrai-vos de amar com todo o coração *aquele que, dentre os filhos dos homens, é o mais belo* (Sl 44,3). Bem o podeis, porque o vosso coração está livre dos vínculos conjugais. Contemplai a beleza daquele que amais. Considerai-o igual ao Pai (cf. Fl 2,6) e obediente também à sua mãe: Senhor do céu e servo, aqui, na terra;

---

[14] ANTONELLI, op. cit., p. 42.
[15] ANTONELLI, op. cit., p. 116.

Criador de todas as coisas e criado como uma delas. Contemplai quanto é belo nele aquilo mesmo que os soberbos escarnecem. Olhai, com os olhos da alma, as chagas do crucificado, as cicatrizes do ressuscitado, o sangue agonizante, o preço derramado pelo fiel, a troca efetuada pelo Redentor.

Considerai o valor de todas essas coisas e pesai-as na balança do amor. E todo aquele amor que teríeis despendido para com vosso marido, caso tivésseis vos desposado, despendei para com Cristo. [...] Que ele venha ocupar em vosso espírito todo o vazio que deixou em vós a renúncia às núpcias. Não vos é permitido amar com tibieza aquele por amor de quem recusastes a um amor que também era legítimo."

(AGOSTINHO, *A virgindade consagrada*, 54.55,55.)

O coração como um altar

"Não te recuses a ser o sacrifício de Deus e o seu sacerdote; não descuides daquilo que a sua potência e a sua generosidade te deram. Põe a veste da santidade, cingi-te com o cíngulo da castidade. O Cristo seja como que uma tenda sobre tua cabeça, a cruz permaneça como uma proteção sobre tua fronte. Põe-te sobre o peito o sacramento do conhecimento de Deus, faze queimar sempre como um perfume o incenso da oração, [...] transforma teu coração num altar e, assim, na segurança que te vem da proteção de Deus, conduze o teu corpo para o sacrifício."

(PEDRO CRISÓLOGO, *Sermão CVIII*. Apud CANOPI, A. M. *Voi mi conoscete*. Roma, 1983, p. 109.)

Corpo revestido de imortalidade

"Como a cepa de videira plantada na terra frutifica no seu tempo e o grão de trigo caindo na terra, decompondo-se, ressurge multiplicado pelo Espírito de Deus que sustenta todas as coisas e [...], recebendo a Palavra de Deus, se tornam Eucaristia, isto é, o corpo e o sangue de Cristo, da mesma forma os nossos corpos, nutridos por esta Eucaristia, depostos na terra e nela decompostos, ressuscitarão, no seu tempo, por obra do Verbo de Deus para a glória de Deus Pai. É ele quem reveste a este corpo mortal de imortalidade e a este corpo corruptível dá incorruptibilidade, pois o poder de Deus se manifesta na fraqueza."

(IRINEU DE LIÃO. *Adversus Haereses*. V,2,3.)

Espiritualidade moderna
A oferta do corpo

"Paulo, em Rm 12,1-2, sintetiza a tarefa vital dos cristãos: eles devem se oferecer corporalmente à misericórdia de Deus como vítimas vivas e santas, e nisto consiste o culto verdadeiro e adequado ao *Logos* Cristo. A dedicação de toda a vida pela causa de Deus e de Cristo faz de toda a existência uma única celebração litúrgica. Essa é celebrada em face do mundo, corporalmente, mas sem adaptação ao mundo. Nisto, a existência cristã, quando é vivida conforme ao *Logos*, na imitação de Cristo, é tanto uma pregação ao mundo, como também um sacrifício pelo mundo, tendo os cristãos a sua parte na autoabnegação de Cristo pelo mundo.

Isto, naturalmente, diz Paulo, exige de cada um perene autoexame: se ele diz sim ao escândalo da cruz, diz sim à representação da verdade de Cristo diante do mundo que o circunda."

(VON BALTHASAR, H. U. *Luce della parola*. pp. 19-120.)

O voto de Gandhi

"Encontrei grandes dificuldades ao tomar a resolução final [o voto de castidade].[16] Não tinha a força necessária; como teria dominado as minhas paixões?... Mas, eu lancei-me aí, confiando no poder protetor de Deus. Quando torno a pensar nos vinte anos do meu voto, encho-me de prazer e de admiração [...]. Tinha começado a prática mais ou menos feliz do autocontrole. Mas, nunca tinha experimentado antes... a liberdade e a alegria que surgiram em mim depois de ter feito o voto. Antes do voto, costumava estar inclinado a me deixar vencer pela tentação a cada instante. Agora, o voto era um escudo seguro contra as tentações."

(GANDHI, *Antiche come le montagne*, Milano, 1980. Apud BOLLA, E.C. *La castità sconosciuta. Discorsi controcorrente su uno "scandalo" antico*. Torino, 1993, 52.)

Elogio da loucura

"A castidade (especialmente consagrada) não pertence à ordem da razão; pertence à ordem da caridade.

---

[16] Gandhi, como é sabido, fez o voto de castidade aos 37 anos, com o consenso da esposa.

Lembrai-vos da doutrina das três ordens de Pascal? 'Todas as mentes unidas em conjunto nunca poderão produzir um movimento de caridade', nem, muito menos, explicá-la. Trata-se de uma outra ordem de coisas, com outras suas próprias leis: 'razões que a razão desconhece'. Estamos ainda esperando que num interrogatório ou mesa redonda, alguém tenha a coragem de dizer: sim, é verdade a castidade (consagrada) é uma loucura. Como a cruz. [...] A única verdadeira motivação é o convite de Jesus Cristo: *se quiseres!* A aposta na sua palavra, por mais que pareça absurda e paradoxal. Quem acolhe a virgindade (continência) por oportunidade, por cálculo, ainda que seja "nobre", é como quem faz um matrimônio de conveniência, um *mariage de raison* e não de amor. Pode também acontecer que dê certo. Mas, que tristeza. O amor é sem motivação. De fato, o amor primeiro (Deus) é *causa sui,* causa de si mesmo."

(BOLLA, E. C. *La castità sconosciuta. Discorsi controcorrente su uno "scandalo" antico.* Torino, 1993, pp. 53-54.)

Carnal e espiritual

"Certa lucidez no campo do conhecimento da sexualidade é útil para não confundir – em nós mesmos ou nas pessoas que devemos orientar – a carne pelo espírito ou, vice-versa, o espírito pela carne. Em outras palavras, é útil para fazer o discernimento espiritual. Confunde-se a carne pelo espírito, quando se toma por amor sobrenatural e divino, por amizade espiritual, aquilo que é, pelo contrário, apenas um início de amor humano. Um amor humano e "carnal", no estado nascente, produz efeitos que muito facilmente podem ser tomados por efeitos da graça e conversão do coração. Ilumina o rosto, torna a pessoa doce e tratável, cheia de generosidade e disponibilidade, de novos ideais e fervores. É fácil – eu dizia – pensar que estamos diante de uma conversão do coração, mas de fato se trata apenas do início de um enamoramento humano que, se não for logo reconhecido como tal, poderá levar a desagradáveis consequências. [...]

E, pelo contrário, toma-se o espírito por carne, isto é, o bem pelo mal, quando não se sabe distinguir a tentação do pecado. A opção pela virgindade não poupa das tentações, mas, como vemos na vida dos santos, muitas vezes as torna maiores. Como diziam os Padres do deserto: ninguém deve achar que tem uma virtude enquanto essa não foi posta à prova do fogo das tentações. Em si, porém, a tentação não é um mal [...] 'É mais útil não estar totalmente livre das tentações, devendo muitas vezes enfrentar batalhas, para que não nos tornemos muito seguros de nós mesmos, com o risco de cair na soberba ou de nos abandonar às consolações exteriores'.[17] [...] Preocupa-te antes e te examina, caso não enfrentes nenhuma luta, e reconhece que ou isso vem de um dom especial do Senhor – e então tu deverás simplesmente agradecer-lhe, reconhecendo-te não merecedor – ou significa que tu já estejas acostumado com o mal e com o compromisso e, nesse caso, está na hora de saíres do sono."

(CANTALAMESSA, R. *Verginità*. Milano, 1988, pp. 97-99.)

---

[17] *Imitação de Cristo* I, 20.

Poesia virgem
Contigo caminharei

Dançavam no meu coração
mil lanternas brilhantes.
Escancarei a porta
para Ti que me chamavas.
Iluminaste a minha vida
alumiaste o meu caminho.
Não tenho mais temor.
Contigo caminharei
até o Teu monte.[18]

---

[18] PEIRANO, M. *La via*, p. 27.

VII

VIRGINDADE COMO SEXUALIDADE PASCAL

❄

"Quanto a mim, que eu me glorie somente da cruz do nosso Senhor, Jesus Cristo. Por ele, o mundo está crucificado para mim, como eu estou crucificado para o mundo. Ser ou não ser circuncidado não tem importância; o que conta é ser nova criatura. E para todos os que seguirem esta norma, como para o Israel de Deus: paz e misericórdia! Doravante, que ninguém me moleste, pois eu trago em meu corpo as marcas de Jesus" (Gl 6,14-17).

"Jogai fora o velho fermento, para que sejais uma massa nova, já que sois ázimos, sem fermento. De fato, nosso cordeiro pascal, Cristo, foi imolado. Assim, celebremos a festa, não com o velho fermento, nem como fermento da maldade ou da iniquidade, mas com os pães ázimos da sinceridade e da verdade" (1Cor 5,7-8).

A expressão que serve de título a este capítulo é, talvez, a síntese mais simples e acertada, ou a imagem mais sugestiva e evocativa, do argumento que estamos tratando. Justamente por isso é que a escolhemos como subtítulo do livro inteiro. À primeira vista, ela pode parecer imprópria, como se pretendesse colocar juntos aspectos excessivamente distantes entre si, ou quase como se quisesse adaptar à força um conceito divino-teológico por demais alto a coisas por demais terreno-antropológicas.

Mas é exatamente isso que nos permite fazer a categoria interpretativa do mistério, no sentido que lhe demos mais acima: ligar entre si polaridades aparentemente contrapostas para que não se anulem uma à outra, para encontrar um ponto central que possibilite ter juntos os extremos a fim de que ou até que a antítese se desfaça em síntese. E aqui, os opostos são de fato extremos, ao menos na perspectiva a que estamos habituados: o sexo humano e a páscoa divina.

Um motivo a mais para adotar esta chave de leitura: para entender este "misterioso" ponto comum entre o aspecto humano, talvez o mais humano que se pode pensar (a sexualidade), e aquele mais transcendente (o mistério pascal, mistério, desta vez, no sentido clássico), entre o carnal e o espiritual; para nos lembrar de que a virgindade é tudo isto, mistério de morte e vida que se realiza na fraqueza da carne, graças a uma dúplice passagem – a da oferta de si que passa *através do corpo,* o próprio corpo sexuado, e aquela da própria sexualidade que passa *através da páscoa do Senhor da sua cruz e ressurreição.* Se páscoa quer dizer "passagem", talvez seja justamente a páscoa da morte e ressurreição do Senhor aquele misterioso ponto central que andamos procurando.

Da primeira passagem já falamos, de modo especial no capítulo precedente. Resta-nos ver o segundo. Ambos os percursos são expressão da única pedagogia do amor e da oferta do corpo como um sacrifício vivo, santo e agradável a Deus (cf. Rm 12,1), que torna o próprio corpo luminoso no esforço da renúncia, no dizer não a alguma coisa muito bela por outra ainda mais bela.

Aquele misterioso ligame...

Antes de tudo, devemos esclarecer um ponto muito importante e que está longe de ser patente: o nexo entre sexualidade e evento pascal. Sem dúvida, é uma relação singular e aparentemente estranha e forçada, mas é fundamental compreendê-la, ou ao menos tentar se aproximar dela, do limiar do mistério, em última análise, para viver bem a própria virgindade.

Digamos logo, porém, que o nexo não é do tipo "negativo", não deve ser buscado numa renúncia "dolorosa" que a sexualidade implica por sua natureza, e que, depois, se torna ou se tornaria máxima na opção virginal, mas numa certa correspondência de significados, que agora procuraremos evidenciar.

Árvore fecunda

Sexualidade, de fato, significa em sua raiz relação – já o repetimos muitas vezes –, capacidade de acolher incondicionalmente o diferente-de-si, respeitando, acolhendo e valorizando a sua diversidade que se torna complementaridade recíproca, não só entre homem e mulher, mas ainda antes e ainda mais radicalmente entre o eu e o tu. É, então, energia criativa, capacidade de fazer dom de si a um outro, é fecundidade de relacionamento, é dar a vida e dar vida..., mas tudo isso sob a condição de que aí haja este encontro entre alteridade.

Pois bem, a cruz de Jesus, acaso, não exprime tudo isso no grau máximo e na maneira mais intensa possível? Jesus com a sua cruz entra em relação com todos, sem deixar ninguém à parte: a cruz *é* relação com o céu, com a terra, com os infernos, com os justos e pecadores, com o ladrão agraciado e com o obstinado, com Maria e João, com os crucificados da história como com os crucificadores de todos os tempos... O Cordeiro manso e imolado mantém aberta a relação também com aqueles que a gostariam de romper. Aquele que não reage e se deixa ferir não é, acaso, sinal, paradoxalmente, de uma vontade de comunhão que no fim resulta mais forte do que qualquer violência? E o pedido, da parte de Jesus, de perdão ao Pai, que busca até as atenuantes para quem o colocou sobre a cruz, não é, acaso, o máximo do acolhimento de quem é diferente-de-si e se lhe opõe até querê-lo eliminar?

É bem por isso que a cruz é *árvore fecunda,* por este "misterioso" encontro com a alteridade e o seu sinal extremo: o pecado. Tal fecundidade é "o verdadeiro poder... do Deus crucificado: um poder que quer a alteridade do outro até o ponto de se deixar matar para oferecer-lhe a ressurreição. Em virtude disso, o poder absoluto se identifica com o sacrifício que comunica vida aos homens e funda a sua liberdade. O Deus encarnado é 'aquele que doa a própria vida pelos seus amigos' e reza pelos seus carnificinas".[1]

---

[1] CLÉMENT, O. *Il potere crocifisso*. Magnano, 1999. p. 36.

Eis por que "para são Máximo, confessor, Cristo é o eros crucificado".[2]

Os relatos da paixão não nos dão a imagem de um Deus altíssimo e três vezes santo que não pode se contaminar com a humanidade pecadora, ele tão inacessível e transcendente. Pelo contrário, traçam-nos a imagem de um Deus que se entrega verdadeiramente nas mãos do homem, desde Judas a Caifás, um Deus que entra em contato com o pecado e deixa que este lhe inflija a morte, como dois extremos que se tocam, ainda uma vez, fazendo até nascer a vida! O corpo de Jesus é o lugar deste dramático desencontro de polaridades opostas, o "misterioso" ponto central onde os distantes se tornam próximos (cf. Ef 2,17). Por este motivo, é o coração da história e do mundo (assim "é agradável ao Pai..."); enquanto a redenção é exatamente o fruto desta síntese dos opostos (ou *coincidentia oppositorum*).

Bem, a nossa virgindade é memória e faz, de alguma maneira, memória de tudo isso. Na sexualidade humana, de fato, há um vestígio misterioso desta energia relacional e fecunda!

A estrutura pascal do amor

Na realidade, não se trata só de vestígios, mas de muito mais, pois a afetividade-sexualidade possui uma estrutura secreta que é *estrutura pascal*. "O amor é uma graça que

---

[2] EVDOKIMOV, P. *Sacramento dell'amore*. Sotto il monte. 1987, p. 95, nota 12. Devemos acrescentar, sempre segundo Evdokimov, que "para os Padres, o eros e o ágape são duas expressões correlativas do amor divino. O eros exprime o aspecto irracional, estático, do ágape" (EVDOKIMOV, Ibid.).

procede da cruz" (I. Biffi), enquanto a cruz revela a natureza do amor, o seu *ordo* misterioso, revelando que

- O amor nasce do amor, ou seja, qualquer gesto de amor é *sempre precedido pelo amor recebido.* Quanto mais certa a consciência de ter sido amado, maior será o amor doado: o Filho predileto se oferece totalmente à humanidade condividindo o dom, sem nenhum receio ou temor (cf. Fl 2,5-11), justamente porque predileto, amado desde sempre.

- Em todo caso, o amor não pode escolher meias medidas: é por sua natureza *radical e total,* e a cruz é o maior sinal do amor maior. Por isso, Cristo morre – diz com sugestiva interpretação Barsotti –, porque o seu coração humano transborda, não podendo conter as torrentes do amor![3]

- Certo êxito extremo e doloroso, portanto, de paixão, de dom também sofrido de *si a um outro,* é parte natural e inevitável do amor. Quem ama sabe que *deve morrer*; existe uma paixão inquestionável não tanto em quem ama genericamente, mas na vida de quem ama *acolhendo incondicionalmente o outro,* o diferente-de-si, e quer a todo custo o *seu* bem. O morrer é sinal de que amou verdadeiramente e não de um modo superficial ou interessado, e está a dizer que um outro entrou na sua vida e se beneficiou dela de maneira total.

- As feridas da morte *permanecem* também no corpo glorioso de Cristo ressuscitado, que apare-

---

[3] Cf. D. BARSOTTI, *Dimensioni della carità.* Milano, 1992.

ce aos seus discípulos sempre com as chagas e, "com os sinais da paixão, vive imortal".* Então, as chagas estão a testemunhar que a paixão não foi uma experiência inesperada e desagradável, realidade dolorosa a ser escondida e superada o mais rápido possível no esplendor glorioso da páscoa, mas parte integrante da missão de Jesus, que na sua paixão e morte continua a revelar a paixão de amor de Deus pelo homem, mais forte do que a morte, e a própria estrutura do amor, de todo amor.

Aquela "passagem" obrigatória

É o ponto central de toda a nossa reflexão: se o amor tem uma estrutura pascal, então a virgindade é *sexualidade pascal,* sexualidade que passou e *deve* passar através do crivo da cruz e da ressurreição, a páscoa-passagem do Senhor, o mistério por excelência.

O que quer dizer isso concretamente?

A cruz julga

Quer dizer, antes de mais nada, deixar-se julgar pela cruz, isto é, a liberdade e a vontade de submeter constantemente qualquer afeto, pensamento, sentimento, instinto, paixão, desejo ao juízo da cruz. Porque *só a cruz pode julgar* o coração e permite decifrar aquilo

---

* Prefácio III do Tempo pascal. A tradução deste texto litúrgico em português, embora conserve seu sentido geral, difere um pouco do texto italiano: "Imolado já não morre; *e morto, vive eternamente".* (N.T.)

que aí acontece. Só o amor verdadeiro pode descobrir o falso nos seus tantos disfarces (por exemplo a cruel hipocrisia do celibatário que não sabe experimentar empatia, ou a dupla face de quem dá para receber, ou a sutil violência de quem usa o outro para as suas necessidades...), ou reconhecer a tempo aquela atração ou simpatia que poderia, depois, tirar vantagens.

E se quisermos ser ainda mais concretos, digamos que há um método ao alcance de todos, ou ao menos de quem é suficientemente humilde e inteligente, através do qual se torna efetivo e sempre novo este juízo da cruz: é o *exame de consciência* (a psicanálise do pobre), exame feito todos os dias diante da cruz (e da palavra do dia). A sua finalidade não é só, nem, em primeiro lugar, negativa (a descoberta das transgressões), mas positiva e propositiva, isto é, a *formação da consciência*. O exame de consciência *forma* a consciência cristã e muito mais a consciência do virgem. É como o instrumento da sua formação permanente; mantém-na desperta e lhe dá uma orientação precisa. De um lado, é um *monitor*, de radares sensibilíssimos; de outro, é um pedagogo que a ilumina. De um lado, talvez, permita, prevenir ou viver bem certas crises;[4] de outro, tornar o virgem atento e inteligente, sábio e até ciumento do seu coração.

O estulto e o presunçoso são os que não fazem o exame de consciência, ou que, no máximo, fazem um exame de... inconsciência, banal, e superficial, parcial e alegre, que olha só para o lado exterior do comportamento e não sabe indagar sobre as raízes das motivações

---

[4] Falaremos disso, salteadamente aqui e ali, nos próximos capítulos.

profundas,⁵ com o risco de viver com a mesma suficiência e indiferença a vertente sacramental-penitencial.

Pelo contrário, a pessoa a que nos referimos como "humilde e inteligente" não é tanto o tipo assim respeitoso de suas práticas de piedade a ponto de nunca pular o exame de consciência noturno, entre um bocejo e outro, mas é aquele que, também graças a este exercício, aprendeu *em tempo real* a perceber aquilo que acontece no seu coração, confrontando-o com a mensagem da cruz, ou com o coração do crucificado – com a verdade e liberdade que disso resultam e uma imensa necessidade de misericórdia, primeiro, a ser celebrada e, depois, a ser compartida.

A cruz purifica

Um projeto de virgindade se nutre necessariamente de solidão, de renúncia, de sobriedade, não por uma questão de observância e para a defesa da virtude, mas para purificar e aliviar o coração, para torná-lo livre e transparente, capaz de concentrar toda a energia afetiva numa *única paixão*,⁶ para que Deus seja o maior amor e não existam outros afetos invasores que atraiam o coração a ponto de distraí-lo dele, dispersando em tantos riachinhos aquela que deveria ser uma única grande torrente de amor.

---

⁵ Sobre o método para o exame de consciência, permito-me remeter ao meu pequeno volume *Vivere riconciliati*; Aspetti psicologici. Bologna, 2004. pp. 37-51. [Trad. bras.: *Viver reconciliados*; aspectos psicológicos. 5. ed. São Paulo: Paulinas, 2003.]
⁶ Cf. cap. 5.

Quando o coração humano aceita a purificação da cruz, com todo o empenho que isto comporta, ele se torna puro e não só porque não comete pecados, mas porque está ocupado e possuído inteiramente pelo amor divino que transforma o coração humano. Então, a única grande torrente de amor se muda como que em uma cascata, capaz de alimentar o coração, para que se ame tanto e a tantos, à maneira divina!

A purificação, em outras palavras, está em função da intensidade do amor.

A *cruz orienta*

Orienta porque nos reconduz para o "oriente", sobre o monte da oferta, onde descobrimos as nossas origens e a nossa *verdade:* aquele amor que Deus manifestou em sumo grau justamente no Filho crucificado por nós, aquele amor que é o primeiro e o último e compreende todos os outros amores, aquele amor no qual fomos criados, que agora se difundiu nos nossos corações e que dá verdade à nossa vida e à nossa morte.

A cruz vem antes, nos precede, atesta aquela graça e potência de amor da qual procedemos. Por isto, coloca ordem e indica uma hierarquia na vida afetiva, concede-lhe verdade e permite, assim, uma plena expressão da sexualidade – pois, não só revela o amor falso (operação nem sempre simples), como também indica de modo inequivocável o amor verdadeiro na forma "daquele que foi suspenso na cruz".

Em suma, a cruz e-duca (tira para fora a verdade do sujeito) e forma (imprime uma forma).

A cruz liberta

Nada como a cruz deixa o coração livre, pois nada como a cruz dá, conjuntamente, aquelas duas certezas sobre as quais está construída a *liberdade afetiva:* a certeza de ser amado desde sempre e para sempre, e a certeza de poder e dever amar para sempre. Duas certezas que lançam fora de modo definitivo qualquer dúvida e medo, em particular o temor de não ter sido amado o bastante, que saciam o coração e permitem ao virgem não viver mais dobrado sobre si mesmo, preocupado com aquilo que recebe, mendigando aquilo que na verdade já possui, faminto daquilo que tem mesmo em superabundância, mas livre para dar, para colocar o outro no centro da atenção, para partilhar o dom de amor recebido.

A cruz tranquiliza e provoca, nos torna gratos e gratuitos, cura e "fere", concede verdade e liberdade, uma verdade luminosa, uma liberdade responsável. E estamos ainda na ótica do mistério.

A cruz salva

A cruz salva não só em sentido geral, em virtude do gesto sacrifical posto em ato uma vez por todas por Cristo sacerdote eterno, mas redime agora em tempo real também a nossa afetividade e sexualidade das involuções narcisísticas-infantis que a mortificam, apagando-lhe toda centelha de amor. Assim, protege-a e a guarda, discernindo e salvando a parte boa, a energia preciosa, o cunho divino nela inscrito.

Tudo isto para que o espírito habite em cada canto e instinto da sexualidade humana, e a torne fecunda, e a centelha transforme-se em fogo.

A cruz exalta

Por fim, nada como a cruz oferece e pede ao homem e ao seu coração o máximo. Porque o salva daquele egoísmo que torna mesquinha a vida, daquela filáucia* que é a "causa primeira, quase mãe funesta"[7] de todos os pecados (como diziam os padres), e ao mesmo tempo lhe doa e pede para amar com o mesmo coração do crucificado. Em outros termos, salva-o enquanto lhe pede para tomar a seu encargo a salvação de outros, unindo e levando consigo, como o Cordeiro inocente e imolado, o máximo da pena com o mínimo da culpa.

Não existe pedido maior do que este para uma criatura humana. "Depois do pecado (dos nossos pais), a verdadeira grandeza de uma criatura humana se mede pelo fato de levar sobre si o *mínimo possível de culpa e o máximo possível de pena* do próprio pecado, ou seja, não cometer o mal e, todavia, aceitar levar as suas consequências. Este é o tipo de sofrimento que aproxima de Deus. Só Deus, de fato, se sofre, sofre como inocente".[8]

Diante do mistério da cruz, ninguém pode dizer que não é chamado a tão alto, pois nada faz sentir o drama e a responsabilidade da escolha como o amor recebido.

---

* Filáucia, do grego *philautía*, significa "amor a si mesmo". (N.T.)
[7] JOÃO DAMASCENO, *Delle virtù e dei vizi* (PG 95,88).
[8] CANTALAMESSA, R. *Il mistero del Natale*. Milano, 1999.

A decisão de ser virgem é um modo de viver a responsabilidade pessoal diante do amor. Em tal sentido, a virgindade promove e exalta aquela energia de amor que está encerrada na sexualidade humana.

Aquela ferida pascal...

Se o amor tem estrutura pascal, o crucificado-ressuscitado é o seu ícone: aquele Cristo que aparece sempre com as chagas – já o dissemos – para nos fazer compreender três coisas.

Quem ama tem as chagas

As chagas não são simples cicatrizes, feridas que alguém sofreu na vida e que o tempo – se espera – curará. As cicatrizes são feridas agora já endurecidas, não sangram nem causam mais nenhum mal. No máximo, estão a recordar um determinado acontecimento do passado, a ser exibido (como um vestígio) ou a ser escondido (como quem tem vergonha dele).

As chagas, diferentemente, são feridas frescas, sangue vivo, amor real, impresso até no corpo. Assim em Jesus, em cujos membros o amor escreveu a sua história com o alfabeto das feridas, agora indeléveis como o próprio amor. Assim, em todo verdadeiro amante.

O virgem tem as chagas, então, ou a própria virgindade é esta ferida impressa no corpo e na alma;[9] as cha-

---

[9] "O celibato é uma ferida que nos dá a coragem de testemunhar a vida eterna", conforme RAHNER, na sua já citada *Lettera aperta sul celibato,* 39.

gas estão a recordar-lhe daquele dia bendito em que o Senhor apareceu na sua vida para se propor como o único e maior amor, mas também aqueles dias em que despontaram outros afetos, que pretendiam oferecer a mesma coisa colocando em dúvida a promessa divina, enganando e desalentando o coração humano. Ferida, então, ainda fresca e também sofrida, mas justamente por isso sempre mais motivada e iluminada por uma paixão nova por Deus e pelo homem que continua no tempo. Tal virgindade é sexualidade pascal.

Ao contrário, não há nada de mais miserável do que um celibato reduzido à cicatriz, do que um virgem que conseguiu cicatrizar a sua ferida e não conseguiu, se alguma vez o tentou, remotivar a oferta. Este "criou a crosta" e se arrasta cansado atrás de um celibato virtual ou metálico que tornou progressivamente árido e ácido o seu coração; não sofre e não sente mais nenhuma paixão, ou padece unicamente por si mesmo e pela sua fome frustrada de afeto, porque não deixou que a sua sexualidade passasse ao longo da *via crucis* e, por ela, fosse sanada, feita fresca e bela, fecunda e contagiosa. Este não é virgem, ainda que celibatário, pois a sua sexualidade não é pascal.

Quem tem as chagas é um ressuscitado[10]

As chagas são o sinal da vida nova que pode ser transmitida aos outros, mais forte do que a morte. É

---

[10] Interessante, neste sentido, o fato de que no grande mosaico da capela papal Redemptoris Mater Padre Rupnik tenha representado todos os ressuscitados com as chagas.

este o sentido das aparições do crucificado-ressuscitado que, na verdade, convida Tomé a colocar as mãos, coração, dúvidas e vida nas suas feridas para ser salvo.

E é o sentido da nossa virgindade. Quem traz as chagas, e não as esconde nem se envergonha delas, testemunha exatamente que a ferida impressa pela "morte" (a morte da renúncia à ternura de um afeto humano até mesmo desejadíssimo, da solidão também amarga do coração, da esterilidade do próprio corpo...) não tem poder mortal, não é mais morte, tornou-se fonte de vida, passagem do anjo do Senhor, como o tau sobre a fronte dos eleitos ou o sangue sobre a porta dos hebreus.

Quem traz as chagas não é um deprimido, mas afirma, pelo contrário, que o amor de Deus em nós está "sempre verdejante e florescente em toda a alegria e glória que ele é em si mesmo", porque "a paixão principal de Deus é dar vida".[11] Sobretudo lá onde isso parece impossível ao homem, onde a carne é fraca e estéril.

Quem ressuscitou não morre mais

Virgem com as chagas ainda "vivas" da sua virgindade é alguém que, como Abbé Pierre, ao fim de sua luminosíssima existência, pôde confessar com verdade ambos os aspectos: as chagas como renúncia empenhativa e como anúncio de vida nova. "Se eu voltasse a ter 18 anos, sabendo quanto custa a privação da ternura, e não sabendo outra coisa, certamente não teria a força para pronunciar com alegria o voto de castidade.

---

[11] MESTRE ECKHART, *Sermons and Treatises*. London, 1979. I, 8.

Mas, se soubesse que ao longo dessa dura senda se encontram as ternuras de Deus, então, sem dúvida, pronunciaria de novo o meu sim com todo o meu ser".[12]

Tal virgem, com as suas chagas, "não só sabe que morre, mas sabe que pode morrer amando"...[13]

É a plena sexualidade pascal: se o amor é mais forte que a morte, quem morre amando não pode morrer!

Espiritualidade patrística
A alegria das virgens

"A alegria das virgens de Cristo procede de Cristo, está em Cristo e com Cristo, no seguimento de Cristo, mediante Cristo e em ordem à Cristo. As alegrias próprias às virgens de Cristo não são as mesmas das que não são virgens, ainda que pertençam a Cristo. [...] Ide ao encontro destas alegrias; segui o Cordeiro, pois ele também é virgem em sua carne.... Com razão, vós o seguis aonde quer que ele vá, graças à vossa virgindade do coração e à da carne. O que quer dizer, de fato, *seguir* senão imitar? Pois *Cristo sofreu por nós, deixando-nos um exemplo, a fim de que pudéssemos seguir os seus passos* (1Pd 2,21). Então, seguimo-lo à me-

---

[12] ABBÉ PIERRE. *Testamento*. Casale Monferrato, 1994, p. 62. Em substância, diz a mesma coisa Madre Teresa de Calcutá, respondendo a um jovem: "Madre, se tivesse que renascer e Jesus lhe dissesse novamente: 'deixa a tua terra e vai para onde te levarei', tendo feito uma longa experiência do que implica este segui-lo, o que lhe diria: sim ou não?". Com prontidão, Madre Teresa respondeu, surpreendendo a todos: "Sei o que custa e, talvez, lhe dissesse não". Silêncio glacial entre os presentes, por alguns longuíssimos instantes. Depois, quase superando uma resistência ainda viva na memória: "... Apesar de tudo, eu lhe diria que sim".

[13] PASCAL. Apud ABBÉ PIERRE, *Testamento*, p. 62.

dida que o imitamos. Não enquanto ele é o Filho único de Deus, por quem foram criadas todas as coisas, mas enquanto é Filho do homem que mostrou em si aquilo que deve ser imitado. Nele, muitas coisas são propostas à imitação para todos, mas a sua virgindade do corpo, contudo, não é proposta a todos."

(AGOSTINHO. *A virgindade consagrada.* 27.27.)

Como o ouro no fogo

"Eu compartilho tudo com Cristo, o espírito e o corpo, os cravos e a ressurreição.

Cristo [...] tu és para mim pátria, força, glória, tudo. Ele é a minha força e a minha respiração, e o maravilhoso prêmio da corrida. É ele quem me concede correr bem.

Eu o amo como o meu mais puro amor, porque para com aqueles que ama ele é fiel para além daquilo que podemos conceber.

Nele está a minha alegria, também se quer me impor alguma dor, porque aspiro a ser purificado como o ouro no fogo."

(GREGÓRIO DE NAZIANZENO. *Poemas dogmáticos:* PG 37, pp. 623-624.)

A árvore da vida

"Jesus mostrou na sua pessoa toda a plenitude da vida oferecida na árvore da cruz [...]. Esta árvore é para mim uma planta de eterna salvação: dela me nutro, com suas raízes me enraízo e com os seus ramos me dilato. O seu orvalho é a minha alegria e o barulho de suas folhas me fecunda [...]. Gozo livremente dos seus frutos, que estavam destinados para mim desde o princípio. Ela é meu alimento, quando tenho fome; minha nascente, quando tenho sede; minha veste porque as suas folhas são o Espírito da vida [...]. Esta árvore de dimensões celestiais ergue-se da terra em direção aos céus, estendendo suas raízes, planta eterna, no coração dos céus e da terra, sustento de todas as coisas, fundamento do universo que reúne toda a variedade do gênero humano, pregado com cavilhas invisíveis do espírito, de modo que, ligado com o divino, não lhe seja mais separado [...].

Dado que a batalha sem quartel que Jesus combatia era a batalha da vitória, ele foi antes coroado de espinhos para cancelar toda maldição da terra extirpando-lhe com a sua cabeça divina os espinhos do pecado [...]. Ele abriu o seu peito, do qual jorrou sangue e água sagrados, sinais das núpcias espirituais, da adoção e do novo nascimento místico [...].

Oh, divina amplidão em tudo e por toda parte, oh crucifixão que se dilata através de todas as coisas! O único dos únicos se tornou verdadeiramente tudo em tudo, que os céus tenham o seu espírito; o paraíso, a sua alma – pois ele disse: 'Hoje estarás comigo no paraíso' (Lc 23,43) (*sic*) –, mas que o teu corpo esteja na terra. O indivisível se dividiu para que tudo seja salvo, a fim de que a besta voraz seja secretamente destruída. Ela, no seu corpo sem pecado, buscava em toda parte seu alimento [...]. Mas, quando não encontrou nele nada para comer, aprisionada em si mesma, faminta, foi para si mesma a sua própria morte [...]. Oh Páscoa divina [...], por ti, a morte tenebrosa foi destruída e a vida foi espargida por todas as coisas; as portas do céu foram abertas, Deus se mostrou homem e o homem elevou-se se tornando Deus; graças a ti, as portas do inferno romperam-se [...]. Graças a ti, a imensa sala das núpcias se encheu, todos vestem a veste nupcial e ninguém será posto para fora porque não tem a veste das núpcias [...]. Graças a ti, em todos arde o fogo do amor, no espírito e no corpo, alimentado pelo próprio óleo de Cristo."

(*Homilia Pascal* anônima, inspirada no *Tratado sobre a Páscoa* de HIPÓLITO, 49-51,53,55-57,61-62: SCh 27. Apud CLÉMENT, O. *Alle fonti con i Padri*. Roma, 1987, pp. 175-191.)

Espiritualidade moderna
O êxtase da cruz

"Desposar Cristo significa, nesta terra, estarmos 'crucificados com Cristo', na esperança, porém, de sermos com ele glorificados. A alegria não está jamais ausente, mas é uma alegria de esperança, isto é, um esperar a felicidade e uma felicidade no esperar. *Os que são de Cristo Jesus* – escreve o apóstolo – *crucificaram sua carne com suas paixões e concupiscências* (Gl 5,24). Fazendo eco a essas palavras o mártir Santo Inácio de Antioquia, sendo levado preso para Roma, onde sofreria o martírio, escrevia: 'É belo chegar à tarde deste mundo por amor ao Senhor e nele ressurgir... Todo o amor terreno (*eros*) foi crucificado para mim e não há em mim qualquer chama das coisas terrenas'.[14]

---

[14] INÁCIO DE ANTIOQUIA, *Aos Romanos*, 2.7.

Não espanta, por isso, se na tradição ascética e mística da Igreja a cruz tenha sido frequentemente definida como o 'leito nupcial' no qual a alma se une a seu divino Esposo. 'Em tua cruz coloquei o meu leito', dizia a Cristo a beata Ângela de Foligno. É a realização da palavra de Jesus: *Quando eu for levantado da terra, atrairei todos a mim* (Jo 12,32). Sobre a cruz, Jesus atrai as almas que o escolheram como esposo. Ali acontece o misterioso abraço de que fala o Cântico dos cânticos: *Sua esquerda está sob minha cabeça e sua mão direita me abraça* (Ct 8,3). Ali também se cumpre a palavra profética que se lê em Jeremias: *O Senhor criará algo novo na terra: a mulher cortejando o homem* (Jr 31,22). Essa passagem refere-se à comunidade da nova aliança, vista como esposa de Deus, que já não fugirá mais de seu esposo para correr atrás de ídolos, mas será ela mesma a agarrar-se a ele, para jamais dele ser separada. Evento que para toda a Igreja aconteceu naquilo que um Santo Padre chama de 'o êxtase da cruz', do qual nasceu a nova Eva,[15] e que se renova misticamente em cada alma que desposa o Crucificado, tornando-se assim imagem e símbolo da nova aliança nupcial entre Deus e seu povo."

(CANTALAMESSA, R. *Verginità*. Milano, 1988, pp. 54-55.64.)

Celibato e estultícia do evangelho

"O meu celibato pode ser iluminado... fora do colóquio com o próprio Deus, da imploração da sua graça –

---

[15] METÓDIO DE OLIMPO, *Simpósio das dez virgens*, 3,8: PG 18,73 A.

imploração que, depois, se realiza no risco cego com o qual supomos que esta graça nos seja dada –, da oração diante do Crucificado – as palavras piedosas igualmente me repugnam, mas aqui devem ser ditas –, da luta orante pela sempre nova disponibilidade à estultícia e ao escândalo do evangelho? [...]. Que é da questão do celibato, se... enquanto a propuséssemos, permanecêssemos abertos, na oração, à estultícia e ao escândalo do evangelho, compreendido apenas por aqueles a quem foi dado e que querem aceitar este dom? Qual será a solução, se você[16] e eu nos perguntarmos sobre o *nosso* celibato? Ele é uma parte da realidade da minha fé. Ainda uma vez: da *minha* fé... O que entendo por "minha fé"? A ação livre com a qual a minha vida realiza e testemunha que *a* vida, que está no próprio Deus, vem a nós através da *morte* de Cristo e da própria. É assim, e nada mais. Isto, nós o confessamos como cristãos [...]. Estultícia? Sim, a estultícia do amor por Deus e da fé na morte que sozinha dá a vida."

(RAHNER, K. *Lettera aperta sul celibato*. Brescia, 1967, pp. 28-29.30-32 *passim*.)

O eros do monge

"No monge, o eros todo inteiro é atraído por aquela beleza feita de amor e de luz, ainda mais perturbadora porque se irradia através da desfiguração da paixão da cruz. Não há lugar para outra expressão do eros, por-

---

[16] Trata-se do destinatário da *Lettera aperta sul celibato* (*Carta aberta sobre o celibato*), um sacerdote ex-aluno do famoso teólogo, o qual tinha exatamente levantado a questão do celibato sacerdotal e da sua obrigatoriedade.

que o monge compreendeu que distância e a identidade entre o desfigurado e o transfigurado dá a medida do louco amor de Deus por ele, por todos: de que outro amor poderia ter necessidade? É necessário amar a Deus com toda a força do eros [...]; o monge assim inflamado tem o direito de falar de Deus porque o conhece com todas as fibras do próprio ser [...]. 'Trazemos este tesouro em vasos de barro', mas as nossas longas caminhadas na noite nunca nos farão esquecer este clarão da aurora, esta centelha pascal de um verdadeiro amor."

(CLÉMENT, O. *Riflessioni sull'uomo,* Milano, 1973, 84.101.)

Poesia virgem

Rendição feliz

Antes de te amar
já era amado
e não sentia.
Quando compreendi,
inclinei a cabeça.
Nenhuma rendição
foi assim feliz
como a minha.[17]

---

[17] PEIRANO, M. *La via*, p. 35.

VIII

APAIXONADOS POR DEUS

❄

"Enós, que cremos, reconhecemos o amor que Deus tem para conosco. Deus é amor; quem permanece no amor, permanece com Deus, e Deus permanece nele. Nisto se realiza plenamente o seu amor para conosco: em que tenhamos firme confiança no dia do julgamento; pois assim como é Jesus, somos também nós neste mundo. No amor não há temor. Ao contrário, o perfeito amor lança fora o temor, pois o temor implica o castigo, e aquele que teme não chegou à perfeição do amor" (1Jo 4,16-19).

Falar de paixão por Deus é sem dúvida sugestivo, ainda que não original, mas é expressão que não agrada a todos. Parece excessiva, como um piedoso exagero pouco crível (e pouco acreditado). Aquilo que se apresenta suspeito nela é, justamente, a terminologia, que parece roubada de outras linguagens e contextos: "apaixonado" vai bem para se referir a "ele doido por ela", mas parece impróprio falar nestes termos do relacionamento com Deus por parte do virgem. Pelo menos, nos casos ordinários.

Vale a pena, então, esclarecer começando precisamente pelo termo. Paixão significa, segundo Lonergan, amor intenso e criativo, total e totalizante, sem limites nem restrições, condições ou reservas. E é natural que a criatura "se apaixone" pelo criador. Ou melhor, no rigor dos termos, só aquele que é amor sem limites pode ser amado sem limites; só a bondade e ternura infinita pode ser amada totalmente.[1] Impróprio, sempre segundo o conhecido teólogo, é o uso do termo para falar de relações amorosas humanas.

A Lonergan, parece fazer eco Etty Hillesum, judia holandesa eliminada pelo nazismo em Auschwitz em 1943, com apenas 29 anos, que nos deixou um diário com páginas frementes de humanidade e mística: "Aquelas escritas para Deus – confessava – são as únicas cartas de amor que se devem escrever". E ainda: "É esta justamente a minha sensação perpétua e constante: a de estar entre os teus braços, meu Deus, protegida, guardada, impregnada de um sentimento de eternidade".[2]

Também é interessante, porque pronunciado do lado oposto, aquilo que diz S. Natoli, filósofo não crente, mas de grande subtileza e intuição espiritual, quando nota que existem, sim, "homens da Igreja que propõem uma visão ético-moralística da castidade, empobrecendo-lhe o valor simbólico. Impedem, assim, o insurgir daquela sensação incômoda que convida até aos estranhos a se perguntarem: '... E se houvesse algo mais?'. Mas, há também homens da Igreja que dão testemunho na sua carne segundo o que afirma o antigo dito: 'Já tomastes posse de minhas vísceras'. E eles não são loucos; são amantes. Amantes de Deus".[3]

---

[1] LONERGAN, B. *Il metodo in teologia*. Brescia, 1975. pp. 123-130, 257.
[2] HILLESUM, E. *Diario 1941-1943*. Milano, 1999. p. 201.
[3] NATOLI, S. *Dizionario dei vizi e delle virtù*. Milano, 1996.

Segundo esclarecimento. Apaixonar-se não é uma coisa eventual ou ligada ao caráter de alguém, mas representa o êxito *normal* do crescimento afetivo. O ser humano é feito para isso; não pode deixar de se entregar e de se abandonar totalmente a alguém ou a uma grande paixão. A quem ou a que coisa, ele o escolherá, mas tanto celibatário como casado, *terá* que se apaixonar. Sem paixão, falta alguma coisa essencial ao homem. Ainda mais, especifiquemos nós, se se trata de quem escolheu a virgindade por causa do Reino.

Procuremos, então, indicar os componentes ou os passos progressivos da paixão do virgem.

Sedução estranha...

Na origem da paixão, não existe o eu, mas o tu. Quem, de algum modo se apaixona, sofre a ação do outro, é passivo com relação a ele. No caso do virgem, isto é particularmente evidente, pois é Deus que toma a iniciativa, ou melhor, *é ele que está apaixonado* e, como e ainda mais do que todos os apaixonados, seduz. Mas de uma maneira singular, e não como acontece muitas vezes na sedução humana, que encanta e, de algum modo, engana, quando faz enxergar tudo bonito e cor-de-rosa, acabando assim por esconder o lado mais áspero e impenetrável da realidade.

Pelo contrário, Deus seduz com a *prova,* com a perspectiva de uma escolha que implica muita renúncia, requer o sacrifício do filho, chama para o deserto, desafia até mesmo chegando a empregar palavras misteriosas e provocantes... É a sedução sofrida por

Abraão, por Jeremias, provada por Oséias, experimentada por Pedro...

Mas é também a sedução cuidadosamente evitada por quem não aceita a prova e não lhe reconhece a função providencial, como o virgem, por exemplo, que teme e foge da solidão. Este jamais será um apaixonado por Deus, pois não poderá tomar consciência, se evita estar sozinho com Deus, de que Deus é um apaixonado por ele.

Consciência de si

Apaixonar-se significa amar com *todo* o coração, com toda a mente, com todas as forças. Quanto mais *totalmente* atraídos e coenvolvidos na operação, mais o ser amado é em si mesmo amável. Para se apaixonar por Deus, então, é preciso as mãos e os pés, a decisão e a ação, a razão e a sensibilidade... É preciso toda a vida e cada batida do coração, pois Deus é o mais amável dos seres.

Como consequência, deriva disso que se ninguém como o apaixonado é consciente das possibilidades do seu coração (porque ninguém como ele está disposto ao impossível para exprimir e realizar o seu amor), tal afirmação é ainda mais verdadeira para o homem apaixonado por Deus. O amor intenso pelo eterno revela o ser humano a si mesmo, cria-lhe consciência como nenhum outro afeto da sua beleza,[4] das possibilidades

---

[4] "Tu me renovas com a primeira luz, eu que estava fora da salvação, e me tornas belo de novo" (GREGÓRIO DE NAREK, *O livro das orações*: SC 78 (1961), Oração 90, 465).

escondidas e inéditas do seu coração, quase que espremendo-as até a máxima realização, mas naturalmente também o torna consciente dos medos e das defesas, do sentimento de vertigem que assalta a criatura diante do horizonte sem fim do amor sem limites. *Ninguém como o apaixonado por Deus conhece os muros e os subterrâneos do próprio coração.*

Por esta razão, ele é também imagem do homem novo e profecia dos tempos novos, daquilo que todos somos e seremos, daquela virgindade que é vocação universal.[5]

Nascimento da liberdade

Normalmente se diz que o apaixonado é alguém "doido por outra pessoa", quase como se tivesse perdido a autonomia e a lucidez. E, pelo contrário, trata-se exatamente do oposto, pois a paixão provoca não só um aumento da consciência de si, como dissemos acima, mas também o nascimento da *liberdade*. O apaixonado, de fato, goza da certeza de ser amado e de amar, ou seja, daquelas duas certezas das quais brota a liberdade afetiva.

Todo amor dá a seu modo esta dupla segurança, a ponto de o apaixonado não sentir necessidade de outros afetos, e não trocar por ninguém no mundo a pessoa do amado(a). Por isto, a paixão é exclusiva e o amor conhece o eterno, pois amar significa dizer para (ou ouvir de) alguém: "Tu não morrerás, tu viverás para sempre...".

---

[5] Cf. cap. 2.

Isto é ainda mais verdadeiro quando se ama a Deus e quando é Deus quem sussurra ao coração aquelas palavras de vida. Isto porque nada como o seu amor pode dar ao homem estas duas certezas: a de ser amado *desde sempre e para sempre,* e a de poder e dever amar *para sempre.* Aquele "para sempre" é possível e experimentável somente com o eterno; torna-se verdadeiro e abraça em plenitude todo o tempo somente com aquele que está fora do tempo.

O "para sempre" é, além disso, início e garantia de liberdade afetiva: de um lado, elimina o medo que todo homem carrega dentro de si, a dúvida de *não ser amável* (e de não ter sido suficientemente amado); de outro, tolhe também a pretensão (ou a reprovação) de investigar, aquela de (dever) *merecer o amor.* A cruz, máxima expressão do amor divino, liberta radicalmente do medo e da presunção; é a prova suprema de que o amor não pode ser conquistado, é dom, mas – eis a surpresa – pode ser saboreado apenas por quem não o busca avidamente, só por quem é livre para deixar-se amar.

Decorre daqui uma consequência que é também sinal positivo inconfundível: quem é apaixonado por Deus se sente amável e amado, se sente já saciado nesta exigência natural, mas, nem por isso, tornou-se insensível ao amor, quase como se não tivesse mais necessidade dele. Pelo contrário, é justamente esta saciedade que educa e faz crescer a sua sensibilidade a este respeito, tornando-a mais atenta e sutil, e lhe consente em concreto continuar a deixar-se amar e não só por Deus, isto é, lhe permite ser *livre* de apreciar com reconhecimento também os pequenos gestos de afeto dos quais, normalmente, a vida está cheia e que nos vêm de tantas pessoas, sem nada pretenderem. Este encontrará e experimentará todos os dias o cêntuplo prometido por Jesus, e será grato à vida e aos outros. E, por sua vez, gratuito, com a certeza, porém, de que por mais que ele se dê à vida e aos outros, jamais se igualará à conta daquilo que ele recebeu da vida e dos outros.

Quem, diferentemente, não vive uma real paixão por Deus não possui a mesma certeza (da própria amabilidade). Então, *não será livre para se deixar amar,* pois terá necessidade de buscar obsessivamente sinais de afeto ao redor de si. Mas, exatamente porque busca *mal,* isto é, com apreensão e afã de pré-adolescente ou como conquista meritória, nunca os encontrará, ou seja, não saberá apreciar os pequenos gestos – admitindo que se dê conta deles – e nunca alcançará a sensação definitiva de saciedade. Como consequência, terá necessidade de obras sempre maiores, será ciumento e nunca satisfeito, ávido e avaro, possessivo e invasor, como um tormento infinito, para si e para os outros.

Quem não é apaixonado pelo Criador não está livre para deixar-se amar pelas criaturas.

Extensão dos confins

A paixão não comporta a fagocitose do outro ("tu és meu"), mas exatamente o oposto: é o eu que estende os próprios confins àqueles do amado, alongando-se em direção a ele, aos seus valores e interesses, para ser tal como ele e identificar-se com seu destino. O amor, de fato, ou encontra semelhança ou faz semelhante, numa irrefreável ação transformadora.

E se o objeto do amor é Deus, quem se apaixona por ele é levado, de modo inevitável, a estender os próprios confins humanos àqueles divinos, ou seja, a identificar-se sempre mais com Deus. Em outros termos: *o objeto do amor se torna sempre mais o modo de amar,* lhe dita o estilo, favorecendo a unidade da pessoa amante. É outra lei psicopedagógica, e outro sinal autêntico da paixão. Quem ama intensamente o Pai será conduzido de maneira progressiva a amar *como* ele; se não ama como ele, isto quer dizer que não o ama, ou o ama pouco, sem ser seu apaixonado. Fará mais às vezes de carregador do que de apaixonado, a vida lhe pesará sempre mais e o celibato se tornará sempre mais lei, talvez até injusta, e não terá, em particular, aquela fecundidade geradora que é típica do amor de Deus-Pai.

Talvez seja justamente este o elemento que consente distinguir o simples amor da paixão. Quem está apaixonado pelo Senhor Jesus o coloca no centro da vida, como aquele que unifica a sua pessoa, concentrando-a ao redor de uma única grande paixão; ele o assume como critério das suas escolhas, como aquele que lhe deixa experimentar o seu sabor delicioso e libertador de "fazer as coisas por amor", aquele que preenche incrivelmente a sua solidão e lhe dá coragem de morrer para que outros vivam, para que todos vivam. A paixão por Deus, de fato, não é como a paixão humana, que é por sua natureza exclusiva; ela é *inclusiva,* isto é, inclui logo os outros, não como simples consequência do amor por Deus, como alguma coisa (ou alguém) que vem depois (amado exatamente "por amor de Deus"), mas como parte integrante deste amor, como alguém, ou melhor, como todos, amados *em* Deus. Como o Pai ama a todos nós no Filho e o Filho ama a todos os homens seus irmãos no Pai.

O eu do virgem apaixonado se expande, então, sobre a medida do coração de Cristo, dispondo-se a entrar na sua mesma lógica de entrega de si ao Pai e aos irmãos, à vida e à morte.

A cruz, expressão maior do amor maior, marca o limite extremo deste processo de extensão dos confins do eu, ou – de maneira mais simples – *torna-se o confim do eu,* a sua forma e raiz escondida.

Maturação da identidade

O eu, via de regra, cresce diante de um tu e graças à relação com o outro, num equilíbrio dinâmico e nunca já suposto entre dependência e autonomia. A paixão cria uma singular e ótima situação sob este ponto de vista, pois implica o máximo tanto na relação com o outro, do acolhimento e do respeito de sua inconfundível originalidade, como pela consciência da própria personalidade e das possibilidades do próprio coração, como já foi sublinhado. O que é interessante é que na autêntica paixão uma evoca a outra: quanto mais alteridade, mais identidade; maior é a fusão, maior será também a diferenciação, pois "o amor maduro é a síntese de pertença e separação".[6]

---

[6] MANENTI, A. *Coppia e famiglia, come e perché.* Bologna, 1994. p. 194.

Tudo isso se torna particularmente evidente no caso do virgem, a relação intensa e apaixonada com o Senhor permite ao virgem descobrir nele o mestre, o único que lhe pode dizer a verdade e revelar-lhe a identidade, aquilo que é chamado a ser. Não só: o virgem descobre de fato que a sua própria identidade está "escondida com Cristo em Deus" (Cl 3,3), ou seja, está velada na personalidade e no mesmo estilo de vida daquele que agora é o "seu" Senhor. A face do Filho, Cordeiro imolado, traça as feições também daquele que segue o Cordeiro por onde quer que ele vá. Afirma-o estupendamente, ainda uma vez, o nosso amigo poeta:

> Eras Tu
> aquela parte de mim mesmo
> que eu buscava por toda parte
> para me completar.[7]

É só uma relação amorosa, contudo, que nos permite reconhecermo-nos no outro, e que no nosso caso permitirá ao virgem apaixonado identificar-se completamente com o Filho e o Servo, buscando o próprio caminho pessoalíssimo, único-particular-irrepetível, de ser filho e servo. E saboreando profundamente o ser assim.

Crescimento na liberdade afetiva

Dentro desta relação misteriosa entre alteridade e identidade se realiza em plenitude também a liberda-

---

[7] PEIRANO, M. *La via*, p. 29.

de, a qual não é, como pensa o homem primitivo (ou aquele que assim permaneceu, como muitos modernos), questão de independência e autonomia, mas de amor e de amor intenso. É livre – queremos dizer – ou começa a sê-lo quem, antes de tudo, possui aquelas duas certezas das quais já falamos, mas o é plenamente e no máximo grau *quem escolhe depender em tudo daquilo ou daquela pessoa a quem ama e a quem é chamado a amar*. É o caso daquele virgem que, dentro de uma relação amorosa, reconhece no Senhor da vida e na sua beleza a própria identidade, a ponto de decidir livremente depender dele nos seus projetos e decisões, nos pensamentos e desejos, no seu estilo de amar e de se deixar amar, no modo de viver e de ir ao encontro da morte. Apaixonar-se quer dizer exatamente isso, e é a plena liberdade.[8]

Melhor: é a *verdadeira* liberdade, aquela que, por definição, nasce do amor recebido, que permite descobrir no amado a própria identidade, de ser-lhe atraído e realizá-la em plenitude. Não é verdadeira, ao contrário, a liberdade que conduz a depender (a apaixonar-se) daquilo a que não se é chamado a amar (pois não exprime a própria verdade). Seriam uma liberdade e uma paixão contraditórias, pois levariam o virgem para fora da própria identidade e verdade, distante do seu centro, mesmo se não se dá conta disso.

---

[8] Entende-se neste sentido a reflexão de Simeão, o novo teólogo: "A tua beleza, ó Deus, é maravilhosa e obscurece todos os desejos do homem, porque o amor para contigo, ó Senhor, é luz que, surgindo nas almas sedentas de Deus, traz com ela o dia da impassibilidade. Porque o desejo do mundo é uma escuridão que cega, e o pecado uma noite profunda" (SIMEÃO, NOVO TEÓLOGO, *Hinos* 39, SC 174 (1971), pp. 476-478).

É a intensidade do amor, portanto, que determina a liberdade de depender. Ninguém pode se dizer livre se não tem a coragem de entregar-se totalmente àquilo que é chamado a amar, confiando-lhe a sua própria liberdade. Este é o verdadeiro sentido do "ama e fazes o que queres", como veremos mais adiante.

Coragem de permanecer

Apaixonar-se, talvez, seja fácil. O difícil é *permanecer no amor,* "na alegria e na tristeza", isto é, para sempre. *A paixão é a formação permanente do amor.* Isto não quer dizer, de um lado, que a paixão dos inícios deva, por força, permanecer idêntica no tempo, mas, tampouco, que o amor seja constrangido a diminuir ou a se reduzir, e que o máximo ao qual tende seja não traí-lo. Permanecer no amor quer dizer simplesmente que o amor tem suas estações, e todas são importantes para o ciclo completo da vida em Cristo do virgem e para a floração do seu amor por ele e, através dele, por muitos outros. "Há uma juventude do espírito que permanece independentemente do tempo: está relacionada com o fato de o indivíduo procurar e encontrar, em cada fase da vida, uma tarefa diversa a cumprir, um modo específico de ser, de servir e *de amar.*"[9]

Nem sempre quem se consagra a Deus pode ter no coração o fogo aceso da paixão de amor por Cristo. Às vezes, este fogo poderá também parecer apagado, e no lugar da chama, haverá cinza. Contanto que por debai-

---

[9] JOÃO PAULO II, *Vita Consecrata.* Roma, 1996, n. 70.

xo haja uma brasa acesa, e dentro do coração o desejo de soprar sobre ela...

Digamos de outra forma: aquilo que qualifica a existência e o amor do virgem não é a posse tranquila de um amor fácil, mas às vezes só a nostalgia de uma paixão, ou a tristeza por tê-la talvez renegado, e em todo caso o empenho de orientar e reorientar em continuação o próprio amor para aquela relação total e exclusiva, que unifica e concentra, livre e libertadora, santificante e esponsal com Cristo.

A paixão é este doce empenho; como o nardo puro e perfumado conservado no vaso de argila do nosso coração, ou como as lágrimas de Madalena!

Presença-ausência

Na realidade, a paixão por Deus da parte do celibatário é lida corretamente quando é interpretada, também ela, à luz da categoria do mistério, isto é, quando se torna o ponto central que consegue manter justas aquelas duas polaridades típicas do caminho evolutivo de toda pessoa: a *presença e a ausência*. Cada ser cresce – como sabemos –, especialmente na maturidade relacional (então, também afetivo-sexual), na medida em que aprende a viver a presença, mas também a ausência do outro, até a ponto de viver a presença na ausência e a ausência na presença.[10]

Também é assim na vida do celibatário. De um lado, de fato, existe a experiência *da ausência* no virgem que

---

[10] Cf. CENCICNI, *Nell'amore*; Libertà e maturità affettiva nel celibato consacrato. Bologna, 1997. pp. 12-16.34-41.

"diz": "O meu desejo afetivo, o meu amor ainda não está satisfeito; o Esposo ainda deve chegar...". Desta forma, ele recorda a todo amante que qualquer amor humano não pode pretender ser definitivo e totalmente capaz de saciar e, além disso, que, também para qualquer criatura aqui na terra, "o Esposo ainda deve chegar". Sublinha-o com a sua escolha, mas sobretudo com a renúncia a preencher de algum modo a ausência e o vazio com diferentes substituições; testemunha-o com a paixão de um desejo que permanece *insatisfeito,* o desejo de ver a face de Deus, um desejo que cresce. Justamente por isso a *ausência,* mesmo de uma relação humana, não só é fundamental, mas também é experimentada e proclamada com letras claras, porque é sinal da outra ausência, e daquela insaciedade que o celibatário quer transmitir ao redor de si, para que todo o amor humano permaneça aberto a uma realização ulterior e a um desejo maior. Assim, a ausência é vivida e testemunhada com coragem, com a sensação do vazio e da solidão que implica, mas, também e, sobretudo, com a transparência fiel de uma vida que em toda a sua expressão remete sempre a um Outro a quem aquele vazio "não poderia aborrecer" e que o poderia preencher,[11] a um Outro que não se vê mas que permanece sobre o fundo de toda relação, a um ou-

---

[11] É o sentido da intensa expressão poética de Thomas: "É esta grande ausência/ semelhante a uma presença, que me constrange/ a interpelá-la sem esperança/ de uma resposta. É um cômodo no qual eu entro/ de onde alguém apenas/ foi-se embora, ingresso para a chegada/ de alguém que ainda não chegou./ [...] Que recursos tenho eu/ a não ser o vazio sem ele de todo o meu/ ser, *um vazio que a ele não poderia aborrecer?"* (R. S. THOMAS. L'assenza. *Frequencies.* London, 1978, o itálico é nosso.)

tro amor do qual procedem e ao qual tendem todos os amores humanos, que "penetra todos os outros amores do coração humano".[12]

Mas, por outro lado, o virgem anuncia também a cada peregrino sobre a terra que o Esposo veio, que se fez *presente* na sua vida, e que ele o "viu" porque foi por ele chamado e atraído. O Esposo deixou-se ao menos tocar e lhe fez uma proposta que agora dá sentido à sua vida e a enriquece, fez-lhe intuir apenas uma parte do seu amor, mas é o suficiente para preencher-lhe o coração... Em suma, o desejo do virgem está também *saciado;* existe uma presença na sua história, Alguém que caminha à sua frente e com ele, é o mais belo entre os filhos dos homens, é aquele que "satisfaz o desejo dos que o temem" (Sl 145,19), através de uma alegria pacata, mas profundamente enraizada no coração virgem.[13]

Pois bem: *a paixão se encontra no ponto de confluência destas duas experiências,* é a centelha que fulgura no contato entre ausência e presença, entre desejo insaciado e desejo saciado. Dito de outra maneira, o amor se torna intenso e toma todo o coração quando é fruto de ambos os caminhos, da presença na ausência e da ausência na presença. Mais estas convivem juntas e são reais e radicais, na renúncia e na alegria, mais o virgem experimenta e testemunha amar sem limites aquele que é sem limites e que, agora, se manifesta sempre mais como o Ausente e o Presente, como

---

[12] JOÃO PAULO II, *Redemptionis donum*, 11.
[13] Cf. CENCINI, A. *Con amore;* Libertà e maturità affettiva nel celibato consacrato, Bologna, 1996. pp. 236-242.

aquele que morre e ressuscita,[14] que se doa e se retira, que se manifesta e se esconde, que se revela e não se deixa tocar, como aquele que está próximo do coração amante e se distancia até se perder de vista, aquele cujas "fugas são seduções; os atrasos, inquietações; as recusas, dons; o desprezo, carícias...".[15]

Ao contrário, não pode existir nenhuma paixão quando a vida do celibatário pretende percorrer um só dos dois caminhos, ou quando a experiência (da satisfação ou da insatisfação) não é o bastante radical, e apresenta-se contaminada e reduzida por diversos compromissos. Justamente por isso dissemos que a paixão é a formação permanente do amor, porque é como uma história que abraça toda a vida.

E prepara o abraço eterno!

Espiritualidade patrística
A flecha de Deus

"Quando a alma, à solicitação do seu dileto, sai e busca aquele que não encontra, e chama àquele que

---

[14] Neste sentido, apaixonar-se por Cristo quer dizer reviver em si, na própria identidade, a mesma experiência de morte e ressurreição, como bem o diz Radcliffe: "Deixar atrás de si as coisas que poderiam dar aos religiosos uma certa identidade é sinal da dignidade escondida daqueles que morreram em Cristo, daqueles que no sepulcro vazio viram, como João, não a ausência do morto, mas a presença do Ressuscitado" (RADCLIFFE, T. Lasciare tracce. *Testimoni*, 3[1997]9).

[15] Anônimo francês do século XVII. *L'amore di Maddalena*. Sotto il Monte, 1998, p. 77. Esta percepção dos extremos em Deus, aparentemente contrapostos, fica bem expressa neste trecho de Simeão, o Novo Teólogo: "Como és ao mesmo tempo fogo devorador e água que banha? Como queimas e dás doçura?... Como fazes deuses os homens, como mudas as trevas em luz? Como à luz arrastas a terra, como resplendes no coração, como transformas tudo? Como te unes aos homens, como os fazes filhos de Deus, como os inflamas com o desejo de Ti?..." (SIMEÃO NOVO TEÓLOGO, *Hinos* 6, SC 156(1969), pp. 204-206).

nenhum nome pode atingir, ela aprende [...] que está apaixonada por Quem é inacessível e que deseja Quem não pode ser apanhado. Estas palavras a golpeiam e a ferem com o desespero, pois julga que o seu desejo de plenitude será sem fim [...]. Mas, tira-se o véu de sua tristeza, ensinando-a que progredir sempre na sua busca e jamais cessar de subir constitui a verdadeira fruição daquilo que deseja, pois toda vez que seu desejo é saciado ele gera o desejo de realidades mais altas.

Por isso, quando lhe é tirado o véu do seu desespero, e ela viu que a beleza invisível e infinita daquele que ama se revela sempre mais bela por toda a eternidade, reaviva-se com ânsia mais forte e declara ao amado [...] o estado do seu coração, dizendo que, depois de ter recebido a flecha de Deus, ficou ferida no coração pela ponta da fé e que está mortalmente ferida de amor. Ora, segundo São João, o amor é Deus. A ele, a glória e poder pelos séculos dos séculos."

(GREGÓRIO DE NISSA. *Homilias sobre o Cântico dos Cânticos*. 12: PG 44, pp. 1036-1037.)

A casa de Deus

"Deus seja a tua casa e tu sejas a casa de Deus: permanece em Deus e que Deus permaneça em ti. Deus permanece em ti para te contentar; tu permaneces em Deus para não cair [...]. Que fundamento teremos para amar, se ele não tivesse amado por primeiro? Amando, nos tornamos amigos; mas ele nos amou, quando éramos seus inimigos, para nos poder fazer amigos. Amou-nos por primeiro e nos deu a capacidade de amá-lo. Nós ainda não o amávamos; amando-o, tornamo-nos belos. [...] A nossa alma, oh irmãos, é feia por culpa do pecado. Ela se torna bela amando a Deus. Que amor torna bela a alma que ama? Deus sempre é beleza; nele nunca há deformidade ou mudança. Por primeiro, amou-nos ele que é sempre belo, e nos amou quando éramos feios e disformes. Não nos amou para nos despedir feios como éramos, mas para nos mudar e nos tornar de feios em belos. De que modo seremos belos? Amando a ele que é sempre belo. Quanto cresce em ti o amor, tanto cresce a beleza; a caridade é justamente a beleza da alma. [...] (Deu-te) o amor da caridade, a fim de que tu possas correr amando e possa amar correndo. Já és belo, mas não olha para ti mesmo, para não perderes aquilo que tomastes. Olha para aquele mediante o qual te tornaste belo. Sejas belo de tal modo que ele possa te amar. De tua parte, dirige todo o teu pensamento para ele, corre em direção a ele, pede seus abraços, teme afastar-te dele, a fim de que esteja em ti o casto temor que permanece para sempre."

(AGOSTINHO, *Comentário à Epístola de São João*, 9,1.9.)

Aproxima-se e se distancia

"Em seguida, ela (a Esposa do Cântico) busca com o olhar o Esposo que, depois de se ter mostrado, desapareceu. Isto acontece muitas vezes em todo o Cântico, e pode compreendê-lo quem o experimentou por si mesmo. Muitas vezes – e Deus é minha testemunha – senti que o Esposo se aproximava de mim e que estava, tanto quanto é possível, comigo. Depois, de repente, vai-se embora e não pude encontrar aquilo que buscava. Começo a desejar de novo a sua vinda, e, algumas vezes, retorna. E quando me aparece e o tenho em minhas mãos, eis que ainda uma vez me foge. E quando desapareceu, coloco-me ainda a buscá-lo. Faz assim muitas vezes, até que o tenho verdadeiramente e subo apoiada ao meu dileto."

(ORÍGENES. *Homilias sobre o Cântico dos Cânticos,* 1,7; SCh 37. Apud CLÉMENT, D. *Alle fonti con i Padri.* Roma, 1987, p. 75.)

Amigos de Deus

"Esta, de fato, é verdadeiramente a perfeição: largar da vida de pecado, não mais pelo temor servil de vir a ser punido ou para fazer o bem com a esperança das recompensas, negociando a vida virtuosa com intenção interessada e de comércio, mas esquecendo-se também de todos os bens que esperamos conseguir segundo a promessa, considerar temível apenas o declínio da amizade com Deus e ter como honráveis e desejáveis para nós só o tornar-se amigos de Deus."

(GREGÓRIO DE NISSA. *Vida de Moisés.* Mondadori, 1984, Livro II, p. 320.)

Espiritualidade moderna
Por amor do amor

"Te peço, ó Senhor, que a ardente e doce força do teu amor arrebate a minha mente de todas as coisas que estão sob o céu, para que eu morra por amor do teu amor, como tu te dignaste morrer por amor do meu amor."

(SÃO FRANCISCO. *Oração "Absorbeat".* Fonti Francescane 277.)

Infinita majestade

"Houve um grande homem que precisou acolher este convite de Deus sozinho, sem qualquer apoio de um esquema e instituição, num ambiente como aquele do protestantismo luterano (Lutero tinha refutado o celibato e a virgindade...), que lhe era hostil e que olhava com suspeita a tal escolha. Era noivo de uma jovem chamada Regina, a quem amava como só um jovem idealista como ele (trata-se de S. Kierkegaard) podia amar. Quando compreendeu qual era a sua verdadeira missão e qual teria sido sua vida no mundo, enfrentou o martírio de separar-se dela; aliás, fez de tudo para que ela se separasse dele, dispondo as coisas de modo a ser considerado uma pessoa indigna e desleal. Pelo final de sua vida, numa página do seu *Diário,* ele justificou a sua escolha com palavras que acrescentam algo de novo com relação a todos os elogios, antigos e velhos, que conheço do celibato e da virgindade [...]: 'Deus – escreve – quer o celibato, porque quer ser amado... Tu, infinita Majestade, mesmo se não fosses amor, mesmo se fosses fria na tua infinita imponência, mesmo assim, eu não poderia deixar de te amar, tenho necessidade de algo grandioso para amar. Outros se lamentaram de não terem encontrado o amor neste mundo e, por isso, sentiram a necessidade de te amar, porque és o amor (o que admito plenamente); o mesmo eu gostaria de proclamar também com relação ao majestoso. Havia e há na minha alma

uma necessidade de majestade, de uma majestade da qual jamais me sentirei cansado ou entediado de adorar. No mundo, não encontrei nada desta cobiçada majestade' (KIERKEGAARD, S. *Diario,* XI A 154)."
(CANTALAMESSA, R. *Verginità.* Milano, 1988, pp. 38-39.)

O amor no tempo do exílio

"Esta é a condição do amor daqueles que estão a caminho, aos quais Deus não se manifesta senão escondendo-se; não para saciar, mas para excitar o amor. No tempo deste exílio, de fato, ele nunca se faz mais presente do que quando parece distanciar-se de tal modo que o perdemos de vista, e sua Majestade se manifesta, sobretudo, quando destrói e desaparece à sua própria vista. Por isso, a divina Esposa, tendo compreendido por experiência que Deus ama manifestar-se justamente deste modo, isto é, retraindo-se, e vendo que ela jamais o possui melhor do que quando parece perdê-lo, depois de se ter esgotado chamando-o, instruída pelas suas tribulações sobre o mistério do amor durante o exílio, persiste nos seus transportes e no seu cântico, dizendo: *'Foge, meu dileto!' (Cântico* 8,14). Ela quer que ele fuja com a mesma rapidez com a qual tinha desejado que chegasse...

Que estranha, incompreensível, excentricidade da esposa! Dizer com tanto ardor: *Volta, meu amado!*, e depois, de repente: *Foge, meu dileto!* E querer conferir aos seus pés a velocidade das gazelas e dos cervos para acelerar e tornar precipitada a sua fuga! É, talvez, inconstância? É recusa? É vingança amorosa? Absolutamente não! É só um admirável efeito do mistério do amor. A esposa vê que o seu casto Esposo se doa durante esta vida fugindo, escondendo-se, dissimulando-se. E, então, o incita a fugir; mas aquilo que mais surpreende é que ela se comporte assim no momento em que lhe acaricia mais ternamente do que nunca. *'Oh, tu – diz ele – que habitas nos jardins, entre as flores, entre os perfumes, entre os frutos, entre as delícias do amor santo e divino, olha os amigos atentos à tua voz; toda a natureza está em silêncio; faze-me ouvir a tua voz'* (*Cântico* 8,13). Parece até que quer escutar dela alguma palavra de doçura e, em troca de toda carícia, recebe esta resposta: 'Foge, meu dileto, com a velocidade de um cervo'. Ela ama suas privações mais do que os seus próprios dons e favores. Por isso diz: *foge*. E, aqui, termina o *Cântico*. E se consuma todo o mistério do santo amor. Todos os ardores, todos os impulsos chegam, no final, a desejar perder tudo. Madalena, no início do teu amor te apoderaste dos pés de Jesus e os beijaste. Quando chegar o momento de consumá-lo, Jesus lhe dirá: *'Não me toques'.*

É esta a postura, são estes os meandros, é esta a tirania do amor divino nos miseráveis tempos do cativeiro e do exílio. Virá o dia da eternidade e, então, veremos, amaremos, gozaremos e viveremos pelos séculos dos séculos."

(Anônimo francês do século XVII. *L'amore di Maddalena*. Sotto il Monte, 1998, pp. 75-81.)

Um Deus a ser adorado

"Aquilo que desejo, como todo vivente, do mais profundo de minha vida e com toda a minha paixão terrena, é algo mais do que um semelhante a mim para amar: é um Deus para adorar! Adorar, isto é, perder-se no insondável, mergulhar no inexaurível, encontrar a paz no incorruptível, esconder-se na imensidão definitiva, oferecer-se ao Fogo e à Transparência, aniquilar-se consciente e voluntariamente na medida em que se vai tomando consciência de si mesmo, confiar-se totalmente àquele que é o Tudo! A quem podemos adorar? Quanto mais um homem é homem, tanto mais sentirá a necessidade – uma necessidade sempre mais explícita, refinada e estimulante – de adorar.

(TEILHARD DE CHARDIN. P. *Sobre el amor y la felicidad.* Madrid, 1999, p. 24.)

Poesia virgem
A cada passo mais perto

Palpitante e majestosa a manhã
porque a Ti se abre o dia.
Luminosa a noite
mesmo sem estrelas
porque Tu brilhas sempre mais
do que as estrelas.
É doce caminhar por Tuas sendas
para chegar à minha morada
com passos silenciosos de felicidade
porque a cada passo
Tu estás mais perto.[16]

---

[16] PEIRANO, M. *La via,* p. 19.

IX

CRISE AFETIVA: GRAÇA OU FRAQUEZA

❋

"Enfim, fortalecei-vos no Senhor, no poder de sua força; revesti-vos da armadura de Deus, para que possais resistir às ciladas do diabo" (Ef 6,10-11).

"Feliz aquele que suporta a provação, porque, uma vez provado, receberá a coroa da vida, que o Senhor prometeu aos que o amam. Ninguém, ao ser tentado, deve dizer: 'É Deus que me tenta', pois Deus não pode ser tentado pelo mal e tampouco tenta a alguém. Antes, cada qual é tentado por sua própria concupiscência, que o arrasta e seduz. Em seguida, a concupiscência concebe o pecado e o dá à luz; e o pecado, uma vez maduro, gera a morte" (Tg 1,12-15).

A vida, também aquela de quem se consagra ao Senhor na virgindade, é feita de crises.

Crise, de um ponto de vista etimológico, significa estado decisional, situação de vida aberta a diversas possibilidades. O termo não tem, então, necessariamente um significado negativo; remete a uma possibilidade de crescimento do sujeito, mas também ao seu contrário. Pode ser graça ou fraqueza.

Tentemos, então, compreender melhor.

Crise, de um modo geral, significa *consciência* de uma não *correspondência* entre o eu ideal e o eu atual, ou entre aquilo que se é e a própria vocação (com provocações da realidade), e como eliminação que exige uma *escolha ou uma conversão*, para um novo equilíbrio de relacionamentos entre o ideal e a conduta de vida, e uma *nova definição* do eu.

São pelo menos quatro os elementos fundamentais da ideia de crise:

- a consciência *subjetiva;*
- um *objetivo* que contrasta entre o eu ideal e o eu atual, provocante;
- a exigência de tomar uma *decisão;*
- uma mais exata e madura *definição* do eu.

Entendida assim, a crise é componente *normal e positivo* de um processo de formação permanente (ou até mesmo da ideia de identidade): configuram-se como dois elementos estritamente conexos entre si. De um lado, é justamente a consciência da diferença entre ideal e realidade que torna a vida constante caminho formativo; de outro, só quem leva a sério tal caminho poderá advertir a própria eliminação e fazer escolhas consequentes. Em suma, a crise não é um fato automático e dado por acabado, ligado à gravidade objetiva da situação, ou logo percebido como "crítico" pelo sujeito. A consciência e a coerência deste último são, de fato, fundamentais.

Além disso, não existem só as crises afetivas ou aquelas que induzem a um decisivo repensar vocacional. Todavia – repetimos –, a crise afetiva representa um evento normal na vida do celibatário por causa do Reino, e diz respeito de modo particular àquela dimensão do eu que é o eu *relacional*.

Tipologia das crises (ou das pessoas em crise)

Eis alguns modos de viver ou não viver as crises.

Nunca em crise

Há pessoas que *nunca estão em crise,* quase imperturbáveis e sempre satisfeitas consigo, tal como aqueles (fingidos) celibatários que vivem com tranquilidade olímpica situações pessoais-relacionais escabrosas, que nunca têm nenhum sentimento de culpa, nem se sentem impulsionados a mudar qualquer coisa nas suas vidas, pois para eles tudo vai sempre bem – são os outros que pensam mal.

Estes agiriam bem se deixassem lhes vir algum sentimento de culpa e se permitissem entrar um pouco em crise de vez em quando. Sem dúvida não bastaria uma melhor informação sobre temáticas ético-morais; o problema destas pessoas é como despertar uma sensibilidade que está se atrofiando, tornando-se fria e apática. Talvez, poderia ser útil para elas aprender a fazer o exame *de* consciência *da* consciência.

Crise... congelada

Existe também o consagrado(a) que não conhece nenhuma crise afetiva porque *removeu a afetividade e a sexualidade* ("tinha colocado-as no freezer", respondeu um destes consagrados quando se lhe abriram os olhos). Pois, na realidade, tem a ambas ou não sabe como lidar com elas, e acaba por viver uma vida achatada e relações sem nenhum coenvolvimento interior, tornando-se frio e sem coração.

Também para estes a crise seria benéfica, em tempo oportuno (não excessivamente muito tarde), talvez sob a forma de uma paixão (obviamente bem acompanhada por um irmão mais velho).

Aqui para cuidar estaria sobretudo o mundo das relações com os próprios sentimentos, para depois saber gerir o relacionamento com os sentimentos dos outros, sem medos e sem defesas. E, talvez, isto seja mais difícil e complicado para os homens (sempre um tanto presunçosos a este respeito, não se sabe por quê) do que para as mulheres.

Sempre em crise

Diferentemente, existe o tipo *em crise estável,* que nunca se livra dela, ou porque ele a inventa, ou porque se sente bem com ela.

No primeiro caso, teremos o tipo um tanto perfeccionista e escrupuloso, e de alguma maneira dobrado sobre si mesmo, tão meticulosamente atento às minúcias do seu comportamento a ponto de descobrir sempre qualquer imperfeição naquilo que faz. É o clássico sujeito nunca contente consigo mesmo.

No segundo caso, teremos o indivíduo que vê, sim, o contraste dentro de si, mas considera por demais alto o preço a pagar para ver-se fora dele, ou se considera incapaz de mudar e deixar certos hábitos. E, assim, de fato, nunca toma a decisão de converter-se. A crise se torna crônica, como um cômodo compromisso, que no fim não perturba muito mais a sua paz.

Personagens assim devem ser estimulados a viver a crise de modo realista e coerente, a fim de saírem dela e não de sofrê-la. Provavelmente, deverão também ser fortalecidos na sua autoestima, para não exigirem demais de si, confundindo santidade com perfeição (no primeiro caso), ou – ao contrário – para crerem em si mesmos e terem a coragem de tender ao máximo (no segundo caso).

Crise "final"

Mas existem também consagrados pouco atentos, como as virgens imprudentes, que se dão conta e admitem estarem em crise só no fim, quando esta irrompe explosivamente e eles não têm mais a força para governá-la.

A estes se deveria ensinar a *prevenir* as crises ou a reconhecê-las quando estão no seu estado *inicial,* com mais sinceridade e responsabilidade.

Seria então o caso de propor toda uma educação ao conhecimento de si e ao princípio desta realidade, para ajudar progressivamente a tais pessoas a terem em conta os próprios limites e os limites implícitos em cada escolha, não só das próprias necessidades e do "direito" de satisfazê-las, mas também para compreenderem que a pessoa inteligente, e que se conhece bem, não se permite todas as liberdades deste mundo, mas escolhe responsavelmente renunciar àquilo que a distancia da verdade de si.

Crise fatal

Depois, há o numeroso grupo dos "analfabetos": de quem não sabe ler a crise ou a lê em sentido único, como se devesse, por força, ter uma saída obrigatória, quase fatal, como o caso da mulher de quem eventualmente o consagrado se apaixona, pensando, por isso, que errou tudo e que precisa mudar tudo. Ou é tão agradável e inédita a experiência que se está vivendo ("descobri o amor" – disse-me radioso um muito jovem e apaixonadíssimo sacerdote), que não se quer mais saber de votos e diferentes obrigações; não há modo de levar a raciocinar.

Talvez, esta seja a história de muitas crises precoces de jovens (ex)consagrados ("precoces" na solução da crise). Provavelmente, nestes casos, veio a faltar uma educação sexual no interior do geral caminho formativo e, portanto, no momento certo. Torna-se, então, indispensável acompanhar estas pessoas no itinerário longo e paciente que leva a conhecer a própria sexualidade e as suas leis objetivas, em especial do ponto de vista da relação interpessoal, e de levar a compreender, tanto quanto for possível, que o fato de se apaixonar não significa necessariamente que o próprio caminho seja o matrimônio, ou que a ideia de renúncia e disciplina não é prerrogativa (ou castigo) do virgem, mas que faz parte de uma correta e almejada educação sexual. Quem na vida quer se realizar e viver em plenitude deve também necessariamente *mortificar-se*.

Crise inútil

Pertence sempre ao grupo dos "analfabetos" quem nunca aprende nada das crises que vive, tornando-as inúteis. Pelo contrário, tornando-as decididamente nocivas, pois parecem enraizar sempre mais na pessoa um determinado conflito que não foi resolvido e, muitas vezes, nem sequer é conhecido na sua raiz de fundo.

É o caso, por exemplo, de quem passa de uma dependência afetiva a outra, e em todo lugar para onde vai, deixa o sinal (ou a vítima), ou se apaixona perdidamente por alguém, ou vive relacionamentos ambíguos, ou parece sempre em busca de uma relação privilegiada, que o faça sentir menos só, e da qual termina por depender, com todas as consequências de ânsia, medo de perder o objeto amado, diferentes ciúmes, necessidade crescente de intimidade, verdadeiro sofrimento (de uma e de outra parte), além do ritual acompanhado de fofocas à sombra do campanário, nestes casos discretamente apinhado graças ao contributo de comadres especializadas em contar (via de regra, com tintas fortes) a última notícia sobre o "padre apaixonado"... Às vezes, justamente para interromper a "trama amorosa" e pôr-lhe um fim, estes sujeitos são transferidos, na esperança de que valha o ditado "longe dos olhos, longe do coração", mas, o que acontece, então? Cessa uma certa relação – e não outra coisa, porque de fato impossível –, mas nasce outra relação. Ou seja: trata-se de pessoas que repetem sempre o mesmo esquema: mesmas expectativas, mesma necessidade, mesmas solicitações, mesma aproximação, mesmos discursos espirituais (no início), mesmas autojustificações, mesmo sujeito inconsistente que cai como um robô na armadilha das suas necessidades infantis, com heroica constância e feliz inconsciência.

No entanto, algum ingênuo ainda sustenta que "a experiência ensina". Nada disso! A experiência ensina se a pessoa se deixa ensinar, assim como a vida fala se existe um coração que escuta, e talvez um irmão mais velho que se coloque ao seu lado para ajudar a compreender, a reconhecer o equívoco de fundo e decidir a não ser mais seu escravo.

Então, é neste sentido que deveriam ser ajudadas estas pessoas, para que a vida não se torne um suceder-se de crises inúteis ou de sofrimentos sem sentido.

Como se vê, o panorama é variado.

Viver a crise

Não se pode reduzir a crise a um fato somente moral-comportamental ou a uma tentação diabólica. É, ainda antes, um modo mais ou menos realista de compreender a vida e a própria consagração. Resolve-a bem não só quem se mantém duro e resiste à prova, mas também quem através dela cresce na compreensão da sua identidade e escolhe ser-lhe criativamente fiel.

A alternativa, então, está entre uma vivência *realista* e uma vivência *menos realista* da crise, entre quem *vive* a própria crise e quem *não a vive,* entre quem aceita a luta na vida espiritual e quem a toma sem pressa e sem compromisso, entre quem se detém na luta psicológica, contra si mesmo, e quem combate aquela luta espiritual e religiosa, com Deus e seu amor.

Busquemos, então, entender melhor como se diferenciam as duas vivências.

Vivência realista

A crise se torna momento de graça quando é gerida com estas posturas:

Sinceridade

O virgem é sincero na crise quando se dá conta daquilo que o próprio coração está vivendo, dá-lhe um nome, reconhece sua entidade (ou *quanto* está sofrendo) e tem a coragem de se dizer, por exemplo, que experimenta um sentimento bem preciso por uma certa pessoa, a qual está um pouco por demais frequente em seus pensamentos e desejos, ou que se sente por ela posto no centro de suas atenções. O virgem sincero é tão lúcido a ponto de admitir que a coisa lhe agrada e o atrai, o faz sentir-se vivo e importante para alguém, o faz sofrer quando o outro(a) não está... Talvez não seja pecado experimentar isso, mas é próprio da pessoa inteligente dizê-lo sem tantos rodeios. Também porque é mais simples e econômico – além do que mais frutuoso – ser sincero do que buscar de mil maneiras esconder-se a si mesmo. Sem dúvida, será muito melhor se a coisa pode ser objeto de confrontação com um irmão mais velho no Espírito.

Como fez T. Merton, que, no auge de sua fama como escritor de vida espiritual e não mais um jovem, apaixonou-se profundamente pela enfermeira que cuidava dele. Com sofrida sinceridade escreveu no seu diário que ele, o "monge", o solitário contemplativo do Absoluto, se sentia "atormentado pela gradual consciência de que nós estávamos apaixonados e que eu não sabia como poderia viver sem ela".[1]

Ser sincero diante de si e de Deus é o primeiro passo para ler a vida, também nos seus momentos de crise, no mistério e além da aparência enganável, deixando que o olhar curador de Deus pouse sobre ela.

Sensibilidade moral

É realista não só quem tem bem "apontados" os seus radares, mas também quem conservou uma sensibilidade atenta aos valores que escolheu, até o ponto de experimentar a dor por ter eventualmente se descuidado deles, pois neles está escondida a realidade do seu eu.

Há um sentimento de culpa que é absolutamente salutar e construtivo, sábio e realista, assim como há uma sensibilidade moral que pode ser inibida ou desviada por costumes lentamente assumidos, não coe-

---

[1] GRIFFIN, J. H. *Thomas Merton*: The Hermitage Years. London, 1993. p. 60. Cf. também J. FOREST, *Thomas Merton*: scrittore e monaco, uomo di pace e di dialogo. Roma, 1995. pp. 178-286.

rentes com os próprios valores (com a própria opção fundamental) e, então, fora da realidade e verdade do próprio eu. Ninguém pode se justificar a este respeito dizendo que para ele "está bem assim" ou que a sua consciência lhe "diz que não há nada de mal" naquilo que está fazendo, pois *cada um tem a sensibilidade moral que merece e que ele mesmo lentamente se formou (ou de-formou)*.[2]

Postura construtiva

Pessoa madura não é quem não tem crise, mas quem tem a coragem de atravessá-las, e usa delas para crescer e não para se deprimir, para construir e não para destruir aquilo que até então realizou, para ir avante com maior convicção, talvez remotivando melhor certas escolhas, para não reinterpretar tudo numa "retrovisiologia" sem sentido (como o tipo que abandona a vocação porque descobriu que na sua origem houve o influxo materno), para descobrir e definir sempre melhor a si mesmo, não para seguir o instinto do momento fazendo inversões.

---

[2] Parece-me interessante o que diz Simeão, o Novo Teólogo, também no plano psicológico, sobre a evolução da sensibilidade moral, da paixão distorcida à degustação da comida salutar, que lentamente liberta da paixão até criar a *apatheia*, enquanto esta, pouco a pouco, faz nascer uma nova sensibilidade, que acende gradativamente "o fogo dos desejos divinos": "O homem não pode vencer as paixões se não chega o amor divino que é luz divina em seu auxílio. Mas, uma vez que o homem experimenta o 'alimento dos mestres espirituais', (a *apatheia*) o conduz pelo caminho reto como uma estrela, ajuda-o e o fortalece quando se encontra em dificuldade... E habitando em silêncio não só no coração, mas também na mente, essa ilumina o homem com o seu doce raio, mas quando busco agarrá-la logo voa e *me deixa ardendo dentro o fogo do desejo divino*" (SIMEÃO NOVO TEÓLOGO, Hinos 18, SC 174 (1971), p. 78).

Tem o óleo da sabedoria na lâmpada o virgem que se serve da crise para se conhecer sempre mais objetivamente na sua realidade, nos ângulos mais recônditos do seu mundo interior e nos aspectos menos positivos, talvez inéditos, da sua personalidade. Quando o coração sofre, vem para fora aquilo que normalmente permanece escondido. Caso se tenha a coragem de se confrontar com a dor ou com a inquietude que se experimenta, e de reconhecer o quanto está incidindo sobre o próprio equilíbrio e sobre a própria serenidade, então se descobre também quem ou que coisa está, na verdade, no centro da vida, e se abandonam sonhos e ilusões.

Normalmente se diz que uma paixão (emblema da crise afetiva) é como um terremoto que muda a geografia intrapsiquíca do apaixonado. De fato, para muitas pessoas (também consagrados/as) é a experiência mais reveladora e desarmante do próprio eu.

Da sinceridade à verdade

Mas, não basta a sinceridade. Ser sincero significa simplesmente reconhecer *aquilo* que se experimenta, dar um nome ao sentimento, talvez pesá-lo e sopesá-lo. Já é alguma coisa, mas não é tudo, nem é grande heroísmo e, muito menos, ponto final do caminho, quase um álibi para justificar a própria postura (ou desmoronamento) e continuar como se não houvesse nada.

Nas crises é preciso ir além da sensação subjetiva, é preciso sobretudo reconhecer *o motivo profundo, o porquê* daqueles sentimentos, perscrutando além daquilo que se experimenta, é preciso passar *da sinceridade à verdade.* Este percurso pode ser estimulado através de um inteligente exame de consciência e de perguntas precisas, como por exemplo:

- *De onde vem* esta tensão e atração?
- O que diz esta paixão sobre o meu caminho de amadurecimento?
- O sofrimento que estou experimentando por esta ausência é proporcionado?
- O que busco naquela pessoa e o que ela me dá?
- *Do que* ela me defende ou *o que* ela me faz evitar?
- Do que me subtrai e do que poderia me distanciar?
- Como a minha consciência pode me fazer sentir esta postura como lícita e pacífica? Talvez um tempo atrás não teria sentido e pesado do mesmo modo...
- Como *cheguei* a este ponto, até a este envolvimento?
- *O que,* na realidade, estou desejando, para além do objeto imediato (leia-se o amor sonhado e, muitas vezes, idealizado, e além do prurido de adolescente da satisfação dos sentidos)?

Esta é a *verdade,* ou – pelo menos – se chega a descobrir a própria verdade pessoal só através do empenho humilde e corajoso, constante e quotidiano da investigação pessoal, diante da cruz, como já sublinhamos.[3] Este é o verdadeiro exame de consciência, no

---

[3] Cf. capítulo 7, item "A cruz julga".

qual a consciência desenvolve não só o papel de sujeito que indaga, mas também de objeto indagado (ou, dito de outra maneira, faz-se não só exame *de* consciência, mas também exame *da* consciência, ou seja, de como ela está funcionando).

O máximo realismo da vida é passar *da sinceridade à verdade,* como uma peregrinação às fontes do eu por nada inquestionável, mas que poderia revelar aspectos surpreendentes e dar uma virada na crise. Merton, por exemplo, mostrou esta coragem da verdade quando, com grande transparência introspectiva, chegou a descobrir que aquilo que buscava, talvez, não era a mulher que dizia estar amando, provavelmente tampouco uma certa satisfação dos impulsos, mas uma solução ao vazio no centro do seu coração. Ela era "a pessoa cujo nome eu tentava usar como algo de mágico para quebrar o domínio da tremenda *solidão* do meu coração".[4]

Muitas vezes é justamente assim: paixão do virgem que, através de outra pessoa, busca sobretudo não estar sozinho consigo mesmo, ou que teme e faz de tudo para não se encontrar a sós com Deus. Se tivesse a lucidez e a coragem de admiti-lo, então compreenderia que, antes de tudo, não tem o direito de "usar" ninguém para os seus problemas, e, talvez, começaria a se interrogar sobre o sentido profundo, seja do seu medo, seja da própria solidão; talvez, para se dispor, pouco a pouco, a vivê-la de um modo diferente, não mais como espantalho a ser mantido o mais longe possível, mas – pelo contrário – como lugar vital, aquele onde se afun-

---

[4] GRIFFIN, op. cit., p. 58.

dam as próprias raízes e do qual emerge a mais profunda verdade sobre nós mesmos: *nunca estamos sozinhos.*

Paradoxalmente, quem aceita viver a solidão (ou a ausência) e não toma iniciativas para preenchê-la descobre que não existe a solidão, pois no ponto mais profundo do nosso ser está Deus, o apaixonado pelo homem, o Deus-Trindade que nos dá a abundância da vida na certeza de uma companhia fiel, aquele no qual toda solidão se torna repleta de presença, de faces, de relações e comunhões.

Do psíquico ao espiritual

Por fim, a crise é vivida bem quando não é só um incidente psicológico, embora com consequências na vida espiritual, mas quando é perscrutada-interpretada diante de Deus, à luz destas perguntas:

- O que Deus está me *dizendo,* de mim e de Deus mesmo, através desta prova?
- O que está me *dando* e me *pedindo?*
- *Onde* está o Senhor em tudo isso, e para onde quer me *conduzir?*

Na resposta a essas perguntas estão a realidade e o verdadeiro sentido da crise. Pois, o protagonista permanece sendo ele, o eterno, que pode servir-se também de um momento de fraqueza e desfalecimento para se revelar de modo inédito ou para despertar e atrair outra vez para junto de si. Ou que pode fazer compreender através de uma paixão aquilo de que é capaz o coração humano.

No fundo, o criador sempre buscou a criatura por meio da prova, e assim continuará a fazer com quem se deixa submeter a juízo e consegue, ainda que seja lenta e fatigosamente, apreender na prova do coração uma mediação entre as mais eficazes do divino. A esta altura, a crise, na verdade, não é mais um fato só psicológico, mas se torna *religioso*. Não se luta mais com tentações e atrações, ou contra uma parte de si, mas com Deus e com o seu amor, com as suas exigências e os seus excessos (de amor), até dar-se por vencido em ambos os aspectos.[5]

É o momento da decisão, que, quando está dividido o coração, é sempre sofrida e lacerante.[6] Mas, é também o momento de um grande crescimento no conhecimento de si e do próprio coração, da sua fraqueza e da sua potencialidade, da sua fome de afeto e do sentido do próprio chamado à virgindade. E, então, é também o momento de redefinir, de alguma maneira, a própria identidade, ou de aderir a uma nova percepção do eu, na qual também entra a experiência precedente, junto com a certeza de que só em Deus aquela fome de afeto poderá se saciar, e com a consequente decisão de escolher de novo a ele como único grande amor da vida.

Como aconteceu com Merton, que talvez exatamente em virtude disso não cancelou dos seus *Diários* tal vicissitude, nem pediu para que fosse eliminada: "É ne-

---

[5] Sobre a diferença entre luta psicológica e religiosa no caminho do amadurecimento afetivo do celibatário consagrado, cf. CENCINI, *Nell'amore*; Libertà e maturità affettiva nel celibato consacrato, Bologna, 1997. pp. 52-63.
[6] Na carta de adeus à mulher que tinha amado, Merton lhe escreveu uma poesia em que dizia escutar gritos de dor "lacerantes que escavam o seu caminho a partir da profundeza do meu ser... De modo que pensei estar dilacerado e partido em dois" (FOREST, *Thomas Merton*, p. 184).

cessário que ela também seja conhecida, porque faz parte de mim. A minha necessidade de amor, a minha solidão, o meu contraste interior, a luta em que a solidão é ao mesmo tempo um problema e uma 'solução'. E, talvez, nem sequer uma solução perfeita".[7] Mais tarde, irá declarar que para ele a experiência da paixão significou, no fim, "uma libertação interior que lhe deu um novo sentido de certeza, confiança, segurança na sua vocação e no profundo de si".[8]

Vivência irrealista

Consideremos agora a outra possibilidade, aquela de uma crise afetiva infrutuosa e com efeitos destruidores. Vejamos as passagens que se destacam.

Pequenas e veniais compensações

No início, a pessoa percebe dentro de si uma vaga situação de incômodo, que a leva a sofrer além do normal a solidão ou a ausência de uma presença ou de um contato – psicológico ou talvez também físico –, ou de apoio e cuidado por parte de outros. Tal incômodo já torna o indivíduo particularmente sensível a quem parece lhe oferecer atenção e interesse, e também necessitado de compensações e concessões de natureza afetiva que procurará obter para si, mas veniais e moralmente irrelevantes nesta fase. Isso o tranquiliza e lhe consente continuar a evitar a solidão consigo e com

---

[7] Ibid., p. 186.
[8] GRIFFIN, op. cit., p. 87.

Deus, sem se sentir com culpa, mas também sem se deixar enriquecer por ela. A atenção é, de qualquer forma, bastante vigilante.

Vulnerabilidade e ambiguidade

O aspecto moral será também salvo, mas na vertente psicológica sofre-o a consistência do indivíduo: *a psicologia, de fato, às vezes pode ser mais severa e rigorosa do que a teologia moral,* quando, por exemplo, admoesta e recorda que a concessão afetiva, embora leve e "venial", se for repetida e não é expressão transparente das escolhas de fundo ou da identidade do sujeito, prejudica a estabilidade deste último, enfraquece-lhe lentamente as convicções, afasta-o da sua verdade, inicia a desviar-lhe a sensibilidade e a deformar-lhe até mesmo o juízo moral, sempre mais benévolo para com aquelas concessões.

O resultado disso é uma mistura de vulnerabilidade da pessoa e da sua escolha, e progressivamente de ambiguidade da conduta e do juízo moral. Mesmo se ainda não de modo grave.

Hábito e atração desviada

Na medida em que estas leves compensações afetivas se repetem e se tornam habituais, elas se convertem em estilo ou costume de vida, algo que precisa sempre menos de um estímulo consciente da pessoa e, ao contrário, se lhe impõe um pouco. Isto significa: menor liberdade de passar sem elas, escassa consciência daquilo que acontece no coração, sempre maior familiaridade com a própria compensação ou com um estilo de vida compensador, sempre mais ambíguo e justificado pelo sujeito. Em paralelo, diminui a familiaridade com os valores do espírito, dá-se certa frieza no relacionamento com Deus e a sensibilidade reage a outras atrações e interesses.

O virgem, em concreto, será sempre mais atraído por quem ou pela coisa que parece assegurar-lhe determinada compensação. Portanto, a vulnerabilidade é tal que não é, depois, tão difícil que se apaixone ou que se torne terreno fácil para a conquista sentimental.

Automatismo

Pouco a pouco, e sempre se não há intervenções pertinentes e provocações para mudar, as compensações e concessões afetivas se tornam automáticas, funcionam de *per se*, antecipando e prevenindo consciência e decisões do indivíduo. Automatismo significa atração que se impõe e arrasta ("é mais forte do que eu"). Como consequência, a pessoa não só não será mais livre, mas perderá também sempre mais a capacidade (ou liberdade) de *gozar* da própria compensação à qual se habituou (quanto mais alguém faz aquilo que lhe agrada, tanto menos, de fato, lhe agrada aquilo que faz).

E, então, a compensação de antes (aquela leve e moralmente irrelevante) já não bastará. Será preciso aumentar-lhe a dose, a ponto de provocar uma busca de compensações que poderão também ser *moralmente* relevantes. Mas o indivíduo não se dará conta do salto qualitativo, ou a sua consciência justificará tudo. Em outros termos, o próprio estranho mecanismo que torna a necessidade sempre mais exigente e a pessoa sempre menos livre de gozar da compensação, "obscurecerá" sempre mais também a consciência, ou tornará o sujeito sempre menos capaz de tomar as distâncias e manter livre o juízo da consciência. Evidentemente, com o enorme uso de mecanismos defensivos autojustificadores.

Motivação inconsciente

O processo que do hábito leva ao automatismo, agora, foge sempre mais ao indivíduo e torna incontrolável a necessidade que oprime e oprime sempre mais. O mecanismo se reforça a ponto de se tornar sempre mais motivação a agir, mola de toda ação, isto é, se coloca no centro da vida e, dali, comanda as operações; não é mais só raiz de *alguns* comportamentos que buscam afeto, mas se torna como que o substrato geral da vivência, a motivação escondida, mesmo se não necessariamente única e central, *de toda* ação e relação, como se estivesse constantemente presente em cada instante da vida.

Em concreto, teremos o celibatário que em tudo aquilo que faz, desde a oração até o apostolado, do rito que celebra às relações (sempre mais numerosas), será sutilmente moído por uma necessidade implícita de obter atenção e afeto, também quando nada de externo ou na sua conduta o deixaria supor.

A esta altura, a pessoa está como que dividida entre tensão consciente para com seus valores oficiais e atração mais ou menos escondida, mas forte, em direção do outros objetivos. Claro que tal tensão irá enfraquecer o indivíduo e o tornará muito vulnerável no momento da tentação ou da prova. Aqui, a crise poderá ter efeitos graves e desastrosos.

Um(a) irmão(ã) que se coloca ao lado

O indivíduo, talvez, não será, no momento, totalmente responsável por aquilo que faz ou sente, mas sem dúvida é responsável pelo processo que se deu nele. E, então, poderá fazer alguma coisa para deter este processo, para refazer o percurso e tentar recuperar, ao menos até certo ponto, a própria liberdade e todas as energias que o conduzem para longe de si, dividindo-o interiormente. Em suma, a crise traz à luz aquilo que muitas vezes permanece escondido, ou que assim permaneceu até aquele momento, no coração do virgem. É um momento doloroso e que pode levar a saídas igualmente dolorosas (abandono, quedas, auto-isolamento, vida dupla...).

Mas, se naquele momento existe um irmão ou irmã mais velha que se coloca ao seu lado, alguém que experimentou aqueles momentos, alguém que conhece a crise, também a afetiva, alguém que sabe que a esperança nasce naquele mesmo ponto onde poderia explodir o desespero, então a crise não traz à luz apenas a fraqueza, mas pode também acender uma luz importante na vida do celibatário por causa do Reino, também daquele que constatou e sofreu a própria fragilidade.

Há uma bela passagem a este respeito no documento *Vita consecrata,* na parte sobre a formação permanente, que reconduz a crise a um momento normal da vida humana e de possível crescimento tanto do consagrado, como do sacerdote, e traça muito bem a figura deste irmão ou irmã que se põe ao lado, sinal da atenção paterna-materna da Igreja por aqueles que, talvez, lhe são os mais próximos: "Independentemente das várias fases da vida, cada idade pode conhecer situações críticas devido à intervenção de fatores externos – mudança de lugar ou de serviço, dificuldades no trabalho ou insucesso apostólico, incompreensão ou marginalização etc. – ou devido a fatores mais estritamente pessoais – doença física ou psíquica, aridez espiritual, lutos, problemas de relacionamento interpessoal, fortes tentações, crises de fé ou de identidade, sensação de inutilidade, e outros semelhantes. Quando a fidelidade se torna mais difícil, é preciso oferecer à pessoa o apoio de uma maior confiança e de um amor mais intenso, em nível pessoal e comunitário. Nessas ocasiões, sobretudo, é necessária a solidariedade afetuosa do superior; grande conforto virá ainda da ajuda qualificada de um irmão ou de uma irmã, cuja presença carinhosa e disponível poderá levar a redescobrir o sentido da aliança que Deus tomou a iniciativa de estabelecer e não pretende desfazer. A pessoa provada chegará, deste modo, a acolher a purificação e o despojamento como atos essenciais de seguimento de Cristo crucificado. A prova mesma será vista como instrumento providencial de formação nas mãos do Pai, como luta não apenas *psicológica*, conduzida pelo sujeito relativamente a si próprio e às suas fraquezas, mas também *religiosa*, marcada cada dia pela presença de Deus e pelo poder da Cruz!".[9] Bendito quem encontra ao seu lado esta irmão(ã).

Espiritualidade patrística
A espada da Palavra

"A tentação... é desde o início para todos a causa do erro, a qual, depois de ter perdido a própria descendência por culpa de uma maneira de viver segundo a carne e do sono da mente, tenta tomar o fruto da descendência alheia. E assim, enquanto a tentação disputa, a fé vacila, até que a espada de Cristo não divida os sentimentos escondidos. O que é a espada de Cristo? Aquela da qual está escrito: *Vim trazer a espada sobre a terra*. De fato, de uma espada foi escrito: *E uma espada transpassará a tua alma*. Qual seja esta espada... escuta: *A palavra – diz – aguda e forte, que penetra com a ponta afiada de uma espada até dividir a alma e o espírito, e as articulações e medulas*. A boa espada é a Palavra de Deus: boa espada que perscruta o coração e os rins, que discerne a mentira da verdade e não mata, mas conserva aqueles cuja alma transpassa."

(AMBRÓSIO. *La verginità*. 1.3.)

Estavas comigo, mas eu não estava contigo

"Eis que habitavas dentro de mim e eu te procurava do lado de fora! Eu, disforme, lançava-me sobre as belas formas das tuas criaturas. Estavas comigo, mas eu não

---
[9] JOÃO PAULO II, *Vita consecrata*, n. 70.

estava contigo. Retinham-me longe de ti as tuas criaturas, que não existiriam se em ti não existissem. [...] Resisto às seduções dos olhos, para que não se enredem os meus pés ao trilhar os seus caminhos. Elevo a ti os olhos da minha alma, para que libertes os meus pés das armadilha. [...] Quantas inumeráveis coisas os homens não acrescentaram às seduções da vista, com a variedade das artes e com o trabalho de suas mãos, na roupa, nos calçados, nos vasos e objetos de todos os gêneros, e também na pintura e outras reproduções, indo além dos limites da necessidade, da moderação e de uma pia significação! [...] Eu mesmo, apesar de expor e compreender essas verdades, também me deixo prender por essas belezas exteriores; mas tu, Senhor, me libertas! Tu me libertas, porque 'ante os meus olhos está a tua misericórdia'."

(AGOSTINHO. *Confissões*, X, 27.34. Milano, 1987, pp. 305-306, 317-318.)

"Bendita esta palavra: 'pequei'"

"Pequei contra a tua grande bondade; eu, vil pecador, pequei; pequei contra a nascente da luz; eu, trevas, pequei. ... pequei contra a compaixão do teu amor celeste, evidentemente pequei; pequei contra ti que me criastes do nada, sem dúvida, pequei; pequei contra as carícias da tua sublime ternura, infinitamente pequei; pequei contra as delícias da tua luz indefectível, eu, pérfido, pequei; pequei contra a comunhão com tua vida indizível, muitas vezes, pequei...

Seja bendita esta palavra 'pequei', porque coloca a esperança no coração!."

(GREGÓRIO DE NAREK. *Le livre des prières,* SC 78 (1961). Preghiera 27, pp. 164-165.)

Espiritualidade moderna
Compreenderás no dia da provação...

"Grava em teu coração e medita, atentamente, as minhas palavras, que na hora da tentação serão mui necessárias.

O que não entendes, quando lês, conhecê-lo-ás no dia da prova.

De dois modos costumo visitar os meus eleitos: pela tentação e pela consolação; e, cada dia, dou-lhes duas lições, uma repreendendo seus vícios, outra exortando-os ao progresso na virtude."

(KEMPIS, T. *Imitação de Cristo.* Lib. 3,3.)

Dom da sua graça

"O tema do deserto na Bíblia... para mim é inacreditavelmente profícuo! Posso confrontá-lo com a minha vida inteira. Como e claro, agora, que todo o assunto sobre M.[10] foi, com efeito, uma tentativa de fugir aos apelos da minha vocação. Inconscientemente, sem dúvida, e todavia, a substituição do amor humano (e do amor erótico, no final das contas) por um pacto especial estipulado com o isolamento e a solidão, que estão no coração da minha própria vocação. Não aguentei a prova; deixei, pelo contrário, que toda a essência do

---

[10] Trata-se da aprendiz de enfermagem por quem T. Merton se apaixonou.

assunto fosse colocada em questão e busquei mudá-la; não conseguia compreender o que estava fazendo. Felizmente, a graça de Deus me protegeu dos erros piores. O meu difícil retorno para o caminho reto é um dom da sua graça. Todas as manhãs me desperto e me sinto um pouco mais livre (embora não me recorde de ter sonhado a este respeito), tal e qual, como no mês de maio passado, eu me despertava todas as manhãs um pouco mais seduzido. Agora, compreendo a angústia que sofri, mas não conseguia desapegar-me! Agora, graças a Deus, consigo. O que acontecerá se ela me escrever ainda uma carta de amor? No entanto, acho que não o fará: creio que esteja claro para ambos de nós que o assunto acabou e que foi verdadeiramente uma tolice."

(MERTON, T. *Scrivere è pensare, vivere, pregare. Un'autobiografia attraverso i diari*. Torino, 2001, pp. 377-378.)

Amor e mortificação

"Imagina uma situação puramente humana. Se quem ama não pode falar a mesma língua da pessoa amada, então deve aprender a língua dessa pessoa por mais difícil que seja. Caso contrário, seu relacionamento não poderá ser feliz, e jamais poderão conversar entre si. O mesmo se dá com o mortificar-se para poder amar a Deus. Deus é espírito: só quem é mortificado pode, de algum modo, falar a sua língua. Se não te queres mortificar, então não poderás amar a Deus, pois falas de coisas muito diferentes dele."

(KIERKEGAARD, S. *Diario,* Brescia, X^4 A 624. Apud CANTALAMESSA, R. *Verginità*. Milano, 1988, 91.)

Mortificação dos olhos

"Falando de mortificação, acho que precisamos hoje insistir particularmente na mortificação dos olhos. Diz Jesus: A lâmpada do corpo é o olho: se teu olho for límpido, ficarás todo cheio de luz. Mas se teu olho for ruim, ficarás todo em trevas (Mt 6,22s). Em uma civilização da imagem, como a de hoje, a imagem tornou-se veículo privilegiado da ideologia do mundo saturada de sensualidade, que fez da sexualidade humana seu cavalo de batalha, separando-a completamente do significado original que lhe foi dado por Deus. Um sadio jejum de imagens tornou-se hoje mais importante do que o jejum de alimentos. [...] O melhor caminho para vencer esse poder de sedução das imagens é 'não fixar o olhar' sobre elas, 'não se encantar' diante das vaidades. Se você fica olhando, elas já conquistaram uma vitória; queriam exatamente isso: que você as olhasse. *Desvia meu olhar para eu não ver as vaidades,* ensina-nos a orar um dos salmos (Sl 119,37). Que fruto maravilhoso se consegue com essa mortificação dos olhos! Com ela podemos realizar um pouco o ideal, caro aos Santos Padres, da 'volta ao paraíso', quando tudo era puro, como numa fresca e límpida manhã de verão, 'e o jovem corpo era tão casto que o olhar do homem era como um lago profundo (C. Péguy, *Eva*)'."

(CATALAMESSA, R. *Verginità*. Milano, 1988, pp. 91-92, 93-94.)

As tentações de Frei Ginepro

"Estando certa vez reunidos Frei Egídio, Frei Simão de Assis, Frei Rufino e Frei Ginepro, conversando sobre Deus e sobre a saúde da alma, Frei Egídio disse aos outros: 'Como fazeis com as tentações do pecado carnal?'. Frei Simão disse: 'Considero a baixeza e a torpeza do pecado carnal, e disto me segue uma grande abominação; e assim me escapo'. Disse Frei Rufino: 'eu me lanço por terra e fico tanto em oração suplicando a clemência de Deus e da Mãe de Jesus Cristo, que me sinto totalmente liberto'. Responde Frei Ginepro: 'Quando sinto o estrépido da diabólica sugestão carnal, logo corro e fecho a porta do meu coração, e para segurança da fortaleza do coração me ocupo em sanas meditações e santos desejos; assim que, quando vem a sugestão carnal e bate à porta do coração, eu quase dentro respondo: Fora! Fora! Pois o albergue já está tomado e aqui dentro não pode entrar mais ninguém; e assim, nunca permito entrar dentro do meu coração um pensamento carnal, de modo que, vendo-se vencido e como que derrotado, parte não tanto de mim, mas de toda a redondeza'.

Responde Frei Egídio e diz: 'Frei Ginepro, concordo contigo, mas ao inimigo da carne não se pode combater de modo mais seguro do que fugindo, pois é dentro que está o traidor apetite carnal; de fora, para os sentidos, se faz sentir tão forte inimigo, e não se pode vencer senão fugindo. E, porém, que de outro modo que combater, tem o cansaço da batalha e raras vezes a vitória. Então, foge do vício e serás vitorioso'.

Para o louvor de Cristo. Amém."

(Anônimo. *Vita di Frate Ginepro*. In che modo frate Ginepro cacciava le tentazioni della carne. Porziuncola, pp. 369-370.)

O Bom Samaritano

"Ao meu Bispo, ao padre G.F., com comovido reconhecimento, confio estas expressões do meu espírito.

Senhor Jesus, o que hoje é minha vida vivida na esperança quotidiana, faz com que eu possa testemunhá-lo limpidamente, retamente, eficazmente, para a tua glória, para a edificação da tua Igreja, para quantos têm necessidade de salvação. Faz com que seja uma sincera ação de graças minha à tua infinita misericórdia – princípio e nascente de toda graça – e a quantos, na Igreja, te serviram e assumiram tua pessoa para me tirar fora da "cisterna de lodo" (Jr 38) na qual estava me afogando. Assim se fez luz em mim sobre a Igreja teu sacramento de salvação: o invisível Salvador tem um corpo visível – órgãos físicos, mãos, braços, coração, cordas vocais, língua... – com o qual, agora, está aqui, sobre esta terra, realiza prodígios divinos de misericórdia e de salvação; milagres autênticos de ordem moral e espiritual, curas e ressurreições. O teu coração de Pai do 'filho desditoso', vergonha e desonra da família, que o irmão de sangue desconhece e quer expulsar de casa..., este teu coração, este teu abraço, este teu beijo, esta festa, esta exultação pelo filho que 'estava perdido e retornou, estava morto e ressuscitou', eu o senti através da comunidade dos fiéis (irmãos no sacerdócio, amigos e familiares fiéis, minha mãe, antes de tudo e mais do que todos...). Pergunto-me se, sem esta tua humanidade, sem esta tua *corporeidade,* próxima e presente a mim, a própria Escritura sozinha teria podido realizar esta obra de redenção e de regeneração...

Para mim, não foi como na tua parábola do Bom Samaritano, pois o teu espírito de misericórdia e de salvação manifestou-se a mim e operou em mim através dos 'sacerdotes e levitas' do Israel da Nova Aliança. Porque eles acreditaram que *tu desceste até mim* para compartilhar e fazer tua a minha vergonha (Hb 2,11), que tu tomaste sobre ti a minha maldição (Gl 3,13) e a minha desonra. Porque tudo passa sob o sinal da salvação. Porque o patíbulo infamante da Cruz se torna, graças a ti, o sublime instrumento da redenção.

O que posso te pedir agora? Se posso, faz com que eu saiba unir a minha à tua paixão; até o fim: contigo, por ti e em ti. M. B."

(Testemunho de um sacerdote, doente e depois morto de AIDS, ajudado na Igreja a se reconciliar, após uma vida atormentadíssima, com o seu mal e com a própria Igreja.)

Poesia virgem

O saltimbanco

Unir as palavras aos sentimentos
a vida, os tormentos, os aniquilamentos
as horas perseguidas e feitas nossas
unir a vida com o amor
e viver nas Tuas pegadas
como um saltimbanco sobre a corda
sempre pronto para cair nos Teus braços.[11]

---

[11] PEIRANO, M. *La via*, p. 37.

X

LIBERDADE AFETIVA

❄

"**É** para a liberdade que Cristo nos libertou. Ficai firmes e não vos deixeis amarrar de novo ao jugo da escravidão. Sim, irmãos, fostes chamados para a liberdade. Porém, não façais da liberdade um pretexto para servirdes à carne. Pelo contrário, fazei-vos servos uns dos outros, pelo amor" (Gl 5,1.13).

"Pois, se fomos, de certo modo, identificados a ele por uma morte semelhante à sua, seremos semelhantes a ele também pela ressurreição" (Rm 6,5).

É sem dúvida um dos conceitos mais universais e conhecidos, sem fronteiras e distinções de qualquer espécie: todos falam da liberdade afetiva e a reivindicam, muitos a entendem como querem e pensam que a possuem, poucos se interrogam a seu respeito e fazem dela o ponto de chegada de um caminho de crescimento. Talvez a mesma coisa aconteça entre os virgens por causa do Reino, também porque raramente é traçado o itinerário formativo, inicial e permanente que para aí conduz.

Nos *Índices das regras de vida* ou das diferentes *ratio formationis* dos seminários, tão ricas de sugestões e solicitações para a formação, normalmente não há lugar para esta expressão. As razões podem ser múltiplas: talvez porque tal liberdade, ou a liberdade em geral, já seja dada por certa nos jovens em formação, ou porque a ideia cheira à psicologia, tem um sabor ambíguo e é olhada com suspeita e desconfiança, ou porque concretamente ninguém sabe bem em que consiste esta liberdade do coração no plano teórico e prático, ou porque a liberdade não é tida como uma virtude, ou, por fim, porque ainda existe quem pense ingenuamente que ela seja mais um direito a reivindicar do que uma ascese e uma mística a viver.

O conceito: atração e atuação da verdade

Liberdade, de modo geral, significa possibilidade de se realizar segundo a própria natureza e vocação: é livre, na perspectiva teológica de K. Rahner, quem quer ser ele mesmo e decide levar a cabo o plano de Deus sobre a própria vida, na qual está escondida a sua verdade.

Mas, o adjetivo "afetiva" acrescenta algo de importante ao conceito de liberdade (e a psicologia à teologia). Ele está a dizer que o indivíduo afetivamente livre *crê* na própria vocação e *a ama;* não só a realiza, mas a ela se sente atraído, não a vive como inconsciente e opressora constrição interna ou consciente imposição externa, nem tampouco simplesmente como dever ou fadiga, mas como algo belo e que dá alegria ao coração, que é o seu tesouro, e ali está escondida a sua identidade e verdade.

Enquanto não é livre, por exemplo, o irmão mais velho do filho pródigo – e todos os que vivem como ele, honesto e rigoroso na sua observância –, é, porém, um infeliz, porque *não ama aquilo que faz*. Faz o bem, mas o faz por força.[1] Para ele, a vida bela é a outra, aquela que ele "não pode" se permitir e que, pelo contrário, seu irmão mais novo teve o descaramento de experimentar: dinheiro, festas, mulheres, aventuras, autonomia... No fundo, este ser mesquinho inveja o irmão e, justamente por isso, "não pode" perdoá-lo. Ao contrário, não é em nada bela a vida repetitiva, dependente, cansativa que lhe "toca" viver.

Em suma, sempre na sua lógica, o mal é mais bonito do que o bem. De fato, as suas são palavras de um falido e de um desiludido, como pode sê-lo quem não ama aquilo que faz e, portanto, é também, antes de tudo, um zangado consigo mesmo, exatamente porque não aprendeu a amar aquilo que faz, e assim perdeu a capacidade e a liberdade de gozar, de tomar parte na festa da vida.

É muito verdadeiro aquilo que Dostoievski diz: "O segredo de uma vida com êxito é te empenhares a agir por aquilo que amas e amar aquilo no que te empenhas".

Desta forma, assim como a liberdade não quer dizer fazer aquilo que me parece e me agrada, assim também a liberdade afetiva não se identifica banalmente com a compensação espontânea dos impulsos afetivos, nem se refere exclusivamente à área afetivo-sexual, mas é componente *essencial* do conceito de liberdade.

---

[1] Então, não é nem mesmo virtuoso, pois "a virtude é algo sem senhorio e voluntário: não pode ser virtude aquilo que é feito por necessidade ou violência" (GREGÓRIO DE NISSA. *O homem*. Roma, 1987. p. 77).

Existem, de fato, dois aspectos substanciais na ideia de liberdade que é importantíssimo termos sempre coligados entre si e que prestam conta do relacionamento entre liberdade e liberdade afetiva: um diz respeito à *modalidade* (*a atração*, ao invés da constrição); o outro, *aos conteúdos* (a atração-atuação da *verdade*), ou, dizendo de outra maneira, o *como* ser livre e o *que* é possível e importante fazer para ser livre e para viver de fato a própria liberdade. Poderíamos dizer que se o conceito de liberdade, enquanto tal, refere-se aos conteúdos (a verdade), a liberdade afetiva diz respeito à modalidade (a atração). Em todo caso, um aspecto é inseparável do outro. Ninguém é livre se não é livre no coração (livre "de"), para amar a verdade (livre "para").

Em síntese, então, há a liberdade afetiva lá onde o coração *ama e atua* a verdade, lá onde a atração pela verdade é tão forte que o indivíduo não pode deixar de fazer aquela mesma verdade, cumprindo-a na própria existência.

O dinamismo: a integração afetiva

Se a liberdade afetiva implica a atração-atuação da verdade, um indivíduo é livre no coração na medida em que a sua afetividade vive de fato tal atração, ou quando, mais concretamente, as suas energias e impulsos, a necessidade de amar e de ser amado, a sua sexualidade e genitalidade, se inspiram de fato naquela verdade que propôs como centro da sua vida, na qual reconhece a sua própria identidade e vocação.

Trata-se do conceito *da integração afetiva,* há um tempo bandeira e símbolo de um modo um tanto ambíguo de entender a própria virgindade, mas que, se bem compreendido, pode nos ajudar a individualizar o dinamismo da liberdade afetiva na vida do virgem.[2]

O caminho de integração

Através deste caminho, o virgem:

- *recolhe e reunifica* ao redor de um centro (a verdade do eu "escondida com Cristo em Deus", Cl 3,3) todas as próprias energias afetivo-sexuais, sem remover estultamente nenhuma delas, mas também sem as deixar girar, também de maneira estulta, ao redor de si mesmas, isto é, no vazio (é a ideia de "sexualidade pascal", que salva a sexualidade da involução sobre si mesma e do consequente processo de banalização);

- deixa que este centro (que é a cruz qual verdade do amor) *julgue* a própria sexualidade e lhe dê não só um *sentido,* mas também uma *orientação muito concreta de vida e conduta;*

- então, *valoriza* as energias afetivo-sexuais em si mesmas e como modo de testemunhar aquilo em que crê, aquele amor de Deus que está no centro de sua vida.

---

[2] Sobre o sentido do modelo de integração, como modelo geral formativo, cf. A.CENCINI, *A árvore da vida*; Proposta de modelo de formação inicial e permanente. São Paulo, Paulinas, 2007.

Rigorosamente falando, "aquilo que se deve buscar não é a nossa integração afetiva. É muito mais a nossa integração *religiosa,* a integração de tudo aquilo que somos e sentimos, daquilo que torna a nossa vida alegre e também daquilo que a torna triste, daquilo que nos "realiza" e também daquilo que, pelo contrário, nos "mortifica", *na perspectiva daquilo que cremos.* A nossa vida, de fato, não celebra a si mesma, mas Aquele que vale mais do que a vida (Cf. Sl 63,4)".[3]

Eis, talvez, explicado o motivo da ambiguidade e confusão de algum tempo atrás: o *objeto* da integração (no nosso caso a sexualidade) não pode ser também o *sujeito* ou o critério (o centro) da própria integração. É lei fundamental da psicologia, segundo a qual é indispensável, para crescer na liberdade e maturidade, um ponto de referência "diverso" do próprio eu, então autotranscendente, embora depois feito próprio; o *eu não pode estar no centro de si mesmo,* ou da vida[4] –, colocar-se-ia contra si mesmo, num processo de frustração permanente.

Quando este princípio não foi observado na área afetivo-sexual, de fato, o desvio narcisista que a isso se seguiu não criou certamente a liberdade, mas uma

---

[3] ANGELINI, G. Meditazioni su Ezechiele. II. Il mutismo del profeta. *La Rivista del clero italiano* 6(1997), 444.
[4] Interessante, em tal sentido, o que diz um mestre de vida espiritual como Moioli, sobre a necessidade de vigiar acerca da possibilidade de construirmos para nós um "centro ilusório, aquele que nós construímos para nós mesmos, ou que construímos fazendo de nós o centro do mundo, das coisas". Devemos, pelo contrário, "aceitar a expropriação de todo centro ilusório e, então, nos tornarmos ex-cêntricos, mas no sentido correto, isto é, pessoas que têm um centro, mas fora de si: *ex-cêntricos em Cristo*" (G. MOIOLI, *Il centro di tutti i cuori.* Milano, 2001. p. 73).

nova escravidão, tão pesada quanto dolorosa, uma espécie de suicídio psicológico!

E se, de modo geral, a nossa vida não celebra a si mesma, como Narciso diante do espelho, muito menos a nossa virgindade celebra a si mesma, nem está em função da nossa compensação afetiva. Seria uma aberta e grosseira contradição, com um final sonoro de frustração! A virgindade é sinal da centralidade de Deus no coração humano – já o sublinhamos com vigor[5] – e se torna bela e boa, atraente e vivível quando consegue exprimir tal centralidade, ou seja, quando toda a energia afetivo-sexual, gesto e pensamento, do virgem se inspira naquele centro e naquele amor, se deixa iluminar e aquecer por ele. Em última análise, ela é *teocêntrica* e celebra por isso, a seu modo, o mistério da recapitulação do cosmos no Filho como era do agrado do Pai: "Fazer de Cristo o coração do mundo".

Então, existe liberdade afetiva, pois há coerência entre verdade e liberdade, entre atração e atuação.

"*Ama e faze o que queres*"[6]

O segundo passo no dinamismo da liberdade afetiva é bem expresso pela conhecida frase de Agostinho, lida na sua dupla escansão.

"Ama..."

No princípio de uma opção virginal existe a descoberta do amor, do amor divino recebido em abundân-

---

[5] Cf. c. 2.
[6] AGOSTINHO. *Comentário ao Evangelho de João*: PL XXXV, VII, 8.

cia, isto é, descoberto como fonte da própria identidade e vocação, como aquilo que dá verdade e coloca ordem (*ordo*) também na própria vida afetivo-sexual. "Ama" significa, neste caso, sobretudo, o convite para experimentar a atração deste amor, para advertir o fascínio do estilo amante de Deus, que faz nascer o seu sol sobre bons e maus e ama por primeiro, que quer bem também a quem não parece amável e pede para amar os inimigos e a quem não pode lhe retribuir o amor.

Não é pouca coisa esta atração, pois, na realidade, implica uma *conversão dos gostos e uma evangelização da sensibilidade*. Seu vértice é a progressiva sintonia entre o sentir divino e o humano, a fim de que *tudo quanto é agradável ao Pai e lhe apraz lentamente agrade também ao homem amante,* e o leve a realizar em máximo grau a sua liberdade afetiva: um coração humano capaz de vibrar com batimentos eternos, em uníssono com Deus, livre de desejar os seus próprios desejos, um coração de carne aberto para o infinito, em contato misterioso mas real com o "coração do mundo".

Que diferença entre a liberdade (pagã) de quem, pobrezinho, faz *só* aquilo que quer e lhe agrada, e a liberdade (fundada na fé) de quem está aprendendo os gostos de Deus! Isto vale no plano da qualidade e também da quantidade e intensidade dos desejos.

"... e faze o que queres"

Fascínio e atração não podem permanecer abstratos e teóricos, mas se tornam fatores de liberdade quando determinam uma mudança também de posturas e comportamentos na linha da própria atração, isto é, do estilo amante de Deus. Poderíamos, então, traduzir o dito agostiniano assim:

"ama e vive segundo aquilo que amas",

ou seja, segundo o coração e a liberdade de Deus para que se torne também o *teu* modo de amar. E isto significa: liberdade afetiva não é fazer aquilo que me parece e agrada *a mim* – como já esclarecemos –, mas tampouco aquilo que apraz e é agradável só *a Deus,* e sim aquilo que *agrada a ambos,* isto é, exprimir com a vida e de modos muito concretos a progressiva sintonia entre aquilo que agrada a Deus e aquilo que agrada a mim (entre verdade objetiva e verdade subjetiva).

Desta maneira, os dois aspectos da liberdade (modalidade e conteúdos) coincidem, e aquele que ama não só encontra-se livre de toda obrigação e constrição, mas também vive uma profunda atração e a ela se conforma. Só então, quando a atração é evangelizada e também traduzida em gestos coerentes, a liberdade afetiva é plena e o processo de integração religiosa da afetividade está completo.

O princípio agostiniano, a esta altura, nos leva a dar um importante passo na definição da liberdade afetiva: coração livre quer dizer não só amar a própria vocação, mas *segundo a própria vocação,*[7] a ponto de que *o objeto* do amor se torne também a *modalidade* do amar. Então, a virgindade se torna estilo de vida

---

[7] Igualmente se poderia dizer que o objeto material se torna também objeto formal.

e o virgem manifesta em tudo aquilo que faz o amor que está no centro da sua vida, aquele amor que lhe dá identidade e verdade, mas também felicidade e plenitude de vida.

O estilo

O estilo é a marca de que aquela pessoa *está* naquilo que *faz* ou, em termos mais próximos de nós, é a *marca de que aquela pessoa ama no seu modo de querer bem*, quase como o *rastro* deixado por uma *forma* traduzida em *norma* de vida.

Não é um jogo de palavras, pois exprime um princípio importante e que não deve ser tido inteiramente como algo dado por certo: todo ser humano é chamado a amar, mas cada um no estilo próprio da sua vocação, e não copiando, com resultados desajeitados e ridículos, modos e gestos que pertencem a outros projetos e situações de vida. O casado, em força deste princípio, é chamado a amar como casado, o noivo como noivo, o pai como pai, o adolescente como adolescente, *o virgem como virgem*. Com a convicção de que o próprio projeto virginal lhe dita um preciso e correspondente estilo relacional virginal: se ama aquele projeto e nele se reconhece a própria identidade, terá também que amar *segundo* o seu estilo típico. Então, será ele mesmo verdadeiro e livre, e claro e credível no testemunho.

Se, pelo contrário, adota no seu relacionar-se um estilo que não exprime de modo suficiente a centralidade e o primado de Deus como aquele que pode preencher um coração humano até tornar possível a renúncia ao amor, embora muito desejado e belo, de uma mulher, ou se na sua aproximação usa de modo confuso e atrapalhado palavras, gestos ou posturas que são típicas de um outro estado de vida, este não só não é virgem, mas nem sequer livre, porque se põe em contradição consigo mesmo e com a sua verdade, para testemunhar somente o caos e a esquizofrenia que tem dentro de si. Poderá inclusive não levar a cabo verdadeiras transgressões, mas o seu coração não é puro.

Paradoxo e mistério

Normalmente, pensa-se na liberdade como autonomia e independência, mas também esta é uma ideia velha e peregrina, além de que banal e de raízes pagãs, sobretudo se compreendemos o papel central da liberdade afetiva na ideia e no dinamismo da liberdade enquanto tal.

Liberdade e fecundidade

Antes de tudo, há uma motivação geral que impede ou torna suspeita a coligação automática entre liberdade e autonomia. O problema da liberdade não pode ser posto em termos de independência, pois ninguém pode pensar que é livre por sua própria conta ou julgar, no máximo, que a sua liberdade termine onde se inicia a dos outros. Quem assim pensa parece ser respeitoso com o outro, mas na realidade, para além da aparência de bondade, é um violento, pois carrega de competição e hostilidade o relacionamento ("ou eu ou você, ou a minha liberdade ou a sua" ou, pior ainda, *"mors tua vita mea"*).

Na realidade, as coisas se colocam exatamente de uma forma oposta a esta, pois se cresce apenas *com os outros e graças aos outros,* e a própria liberdade inicia onde se inicia a liberdade do outro, termina quando ela é diminuída ou negada; ou se é livre conjuntamente, ou ninguém o é. Quem pensa que a própria liberdade seja alternativa àquela do outro está ainda parado na idade da pedra, homem primitivo que vai andando com a clava, ou ao *"homo hominis lupus".* É alguém que não gera vida.

Isto significa que o virgem não pode entender o seu ser "solitário" e privado de família como um fato libertador-desresponsabilizante, pois é exatamente o contrário: quem renunciou à paternidade/maternidade física por causa do Reino dos céus vive uma outra misteriosa capacidade generativa, que o torna responsável por todos e pai/mãe de quem é pobre de amor. Este virgem é uma bênção,[8] como foi bênção a virgindade de Cristo e de Maria.

Diferentemente, aquele celibatário que não é livre para tomar a seu encargo o peso e o destino dos outros é um ser miserável; não é virgem, é só estéril e incapaz de dar a vida, eunuco que se libertou dos outros para se tornar escravo de si mesmo. A este poderíamos aplicar a maldição da Escritura para o ventre que não deu à luz (cf. Nm 5,21).

---

[8] A este tipo de virgens, livres no coração, pode-se aplicar a frase de C. Bukowski: "A alma livre é rara, mas quando a vemos reconhecemo-la sobretudo porque experimentamos uma sensação de bem-estar quando estamos perto dela".

Liberdade e dependência

Mas, o paradoxo explode quando se reflete com atenção, também no nível psicológico, sobre o caráter essencialmente *relacional* da natureza humana e também da liberdade, e se compreende que o homem é livre não quando não depende de nada e de ninguém (coisa, na realidade, impossível), mas *na medida em que escolhe lucidamente depender daquilo que ama e que é chamado a amar.*

É paradoxal pensar que a liberdade na sua expressão mais madura exige coragem de depender, mas não há mais contradição caso se reflita que na raiz da liberdade existe o amor, e a intensidade do amor é constituída da liberdade de depender. Não existe mais paradoxo, sobretudo, se pensarmos que o objeto deste amor é a própria identidade e verdade, é o plano do criador a respeito da criatura, o seu desejo de que a criatura "viva", o seu chamado para que viva em plenitude.

Estamos, assim, diante da definição completa da ideia de liberdade: é livre quem está *apaixonado pela verdade* (ou da própria vocação), não só quem a conhece e aprecia e, tampouco, quem simplesmente a põe em prática, mas quem está fascinado por ela e a leva a cabo, ou *quem a ama perdidamente,* porque só o apaixonado conhece quanta liberdade existe em abandonar-se incondicionalmente entre os braços do amado, no entregar-se totalmente ao outro, no pertencer a um tu na realidade concreta da vida. Esta é a liberdade afetiva do virgem: a liberdade de quem entrega por amor a própria liberdade ao eterno, àquele Deus sumamente livre que, por amor, se entregou em nossas mãos, ou que, com relação a nós, fez a mesma coisa, porque apaixonado.

Aqui, não há mais só um princípio psicológico, mas um mistério de amor que se realiza, e que determina muito concretamente uma vida virginal atenta – até mesmo ciumenta – em depender em tudo, não só nos gestos, mas também nos pensamentos, desejos, sonhos, projetos, palavras... daquele amor, que, depois, é uma pessoa que está no centro da vida. Tal como faria um apaixonado...

As raízes

Cuidar da própria liberdade afetiva para um virgem significa cuidar das próprias raízes, que são essencialmente duas.

Raízes místicas

A primeira é de natureza *mística,* e já acenamos para ela comentando o dito de Agostinho, que começa justamente com aquele "ama", o qual quer dizer: deixa-te amar, deixa-te conquistar, porque a liberdade *não se conquista, mas se recebe em dom* daquele que nos ama e, amando-nos, nos liberta daquele medo que é a mãe de todos os medos (e neuroses): o temor de amar e ser amado, o temor de não ter sido amado ou de não merecer afeto.

Por isso, a virgindade é expressão do aspecto místico da vocação do consagrado, e sempre por tal motivo o consagrado que não possui o "cromossomo místico" será só um celibatário técnico de relações metálicas, ou um cansado trabalhador ou um rígido observante ou insaciável dom-joão, alguém que, de alguma forma, permanece fora do mistério e que não sabe alegrar-se por pertencer a Deus. A versão moderna do irmão mais velho do filho pródigo...

Neste sentido, Clémenet diz, a propósito do celibato sacerdotal, que "tem sentido apenas se incluído numa ascese global, de tipo monástico",[9] ou seja, aquele tipo de ascese que é inseparável da mística.

Raízes psicológicas

Do ponto de vista *psicológico*, na raiz da liberdade afetiva existem aquelas duas certezas das quais já falamos nos capítulos precedentes: a certeza de já *ter sido amado, desde sempre e para sempre,* e a certeza correspondente de saber amar, *para sempre.*

Acrescentemos agora que toda a vida do homem é como um processo de formação permanente ou de aquisição progressiva destas duas seguranças (através das quais se poderia dizer que "quanto mais se as possui, melhor"), que são, certamente, de natureza psicológica, mas que só aquele que crê no Eternamente Amante pode possuir de modo pleno e definitivo. Se fomos amados desde a eternidade, então fomos amados para sempre, e chamados a amar para sempre.

A virgindade tem sabor de eternidade!

---

[9] CLÉMENT, O. Quell'amore, 'a geometria variabile'. *Avvenire* 5/5/2003. p. 21.

Espiritualidade patrística
A atração da verdade

"Ninguém pode vir a mim, se o Pai que me enviou não o atrair" (Jo 6,44). Admirável exaltação da graça! Ninguém pode ir se não é atraído... Ainda não te sentes atraído? Reza para ser atraído. Que quero dizer com isso, ó irmãos? Quero por acaso dizer que, se somos atraídos por Cristo, então acreditamos, malgrado nosso, que somos obrigados e não somos mais livres?... Se o crer fosse uma ação exterior, poderia se dar também contra a nossa vontade, mas não é com o corpo que se crê... É pelas raízes do coração que surge a profissão de fé... porque, professar, significa exprimir aquilo que se tem no coração. [...] Não se vai a Cristo caminhando, mas crendo. Não se alcança Cristo deslocando-se com o corpo, mas com a livre decisão do coração. [...] Assim quando escutas: *Ninguém pode vir a mim, se o Pai que me enviou não o atrai,* não penses que és atraído por força. Também o amor é uma força que atrai a alma. [...]

Põe no Senhor tuas delícias e ele te dará o que teu coração pede (Sl 36,4). Há também um prazer do coração... Se foi possível ao poeta dizer: 'Cada um se deixa atrair por seu prazer' (Virg. Ecl. 2), não pelo constrangimento, mas pelo prazer; não por obrigação, mas por deleite, com quanto mais razão podemos dizer que o homem que se deleita com a verdade, com a felicidade, com a justiça, com a vida sempiterna, com tudo isso que é Cristo, é atraído para Cristo. Se os sentidos do corpo têm sua satisfação, estará o espírito privado de suas alegrias? [...] Apresenta-me um coração que ame e ele entenderá o que falo. Mostra um coração desejoso, um coração faminto, um coração peregrino e sedento deste deserto, um coração que suspira pela fonte da pátria eterna, e ele compreenderá o que falo. Mas, sem dúvida, se falo a um coração árido, não compreenderá o que digo. [...]

Aquele a quem o Pai atraiu, disse: *Tu és o Cristo, o Filho do Deus vivo...* Pedro foi atraído, e foi atraído pelo Pai: *Feliz és tu, Simão, filho de Jonas, porque não foi carne e sangue quem te revelaram isso, mas o meu Pai que está no céu* (Mt 16,16-17). Esta revelação é ela mesma uma atração. Estendes um ramo verde a uma ovelha, e a atrais. Mostram-se nozes a um menino, e é atraído. Ele corre para onde é atraído, é atraído por aquilo que ama, sem que sofra nenhuma coação, é o seu coração que permanece preso. Ora, se estas coisas que pertencem às delícias e prazeres terrenos exercem tanta atração sobre aqueles que se apresentam apaixonados tão somente à sua exposição – pois é bem verdade que 'cada um se deixa atrair por seu prazer' –, que atração exercerá Cristo revelado pelo Pai? O que deseja a alma com mais veemência do que a verdade? Do que o homem deve estar sedento, para que deve guardar são o paladar espiritual, experimentado o gosto, senão para comer e beber a sabedoria, a justiça, a verdade, a eternidade? E onde a alma poderá ser saciada? No lugar em que se encontra o sumo bem, a verdade total, a abundância plena. [...] *Está escrito nos profetas: Todos serão discípulos de Deus.* Todos quem? *Todo aquele que escutou o ensinamento do Pai e o aprendeu vem a mim* (Jo 6,45). Eis, como o Pai exerce a sua atração: atrai com o seu ensinamento, sem obrigar ninguém. Eis como atrai. *Todos serão discípulos de Deus:* atrair é arte de Deus. *Todo aquele que escutou o ensinamento do Pai e o aprendeu vem a mim.* Sim, atrair é próprio de Deus."

(AGOSTINHO. *Comentário ao evangelho de João,* 26,2-7.)

Espiritualidade moderna
O que mais temo? Esquecer a verdade

"O que mais temo? Esquecer, ignorar a verdade íntima do meu ser, esquecer quem sou, estar perdido naquilo que não sou, faltar à minha verdade íntima, ser levado por aquilo que não é conforme a mim, que está fora de mim, [...] pela decisão de considerar o meu *ego* como o meu Eu pleno, completo, verdadeiro e pelo operar para manter esta ilusão *contra* o chamado da verdade secreta que surge em mim, e que é evocada em mim pelos outros, pelo amor, pela vocação, pela providência, pelo sofrimentos, por Deus."

(MERTON, T. *Scrivere è pensare, vivere, pregare. Un'autobiografia attraverso i diari.* Torino, 2001, p. 370.)

Fertilidade eucarística e mariana

"O segredo central da castidade cristã... está na inconcebível fertilidade do corpo virginal de Cristo que na Eucaristia, através de todos os tempos e lugares, gerou vida divina... Mas ele também está no "Sim" incondicionado de Maria, cuja fé perfeita se dá inteiramente a Deus e recebe pela força do Espírito Santo a mais elevada fertilidade que nunca foi concedida a uma mulher terrena: tornar-se a mãe do Filho de Deus. As pessoas castas que vivem com convicção no 'estado dos conselhos' e os sacerdotes celibatários recebem uma parte desta fertilidade eucarística e mariana. Neles se reconhece o que são a verdadeira maternidade e a verdadeira paternidade (1Cor 4,15; Gl 4,15; 1Ts 2,7.11)."

(VON BALTHASAR, H. U. *Seguire Gesù*, Casale Monferrato, 1990, p. 27.)

A graça de poder amar

"Existe uma coisa que o puro amor não conhece: o dever. Ou melhor: o seu dever é sempre *um poder*. A necessidade que ele adverte de amar sente-a como a mais alta e perfeita liberdade, a qual jamais sacrificaria por nenhum bem do mundo. Aquilo que para alguém que não ama apresenta-se como uma fria obrigação, para ele é uma alegria: 'Suporta tudo, crê tudo, espera tudo, desculpa tudo' (1Cor 13,7), fé e esperança são as suas maneiras de se comportar. Desculpar e suportar não são, para o amor, um peso indesejado, mas elemento vital. Ele aceita tudo, desde que não lhe seja vetada uma única coisa: amar. Isto é tão precioso que é superior a qualquer preço. Não conhece graça maior do que aquela de poder amar. A alguém que começasse a lhe falar dos limites entre dever e poder, entre obrigatório e dado em excesso, o olharia espantado e sem compreender, dizendo no máximo: este que fala assim não faz parte dos que amam.

[...] Que amante não gostaria de pôr aos pés do amado o mundo inteiro? Ele não conhece a diferença entre ordem e desejo; o desejo do amado é para ele uma ordem, uma oração não expressada; ele a lê através dos lábios e a cumpre com a mesma pressa e urgência com que alguém que não ama executa as ordens rigorosas [...].

Se o amor é puro, dirige-se a Deus e ao irmão por próprio movimento íntimo. Isso não é outra coisa senão este desenvolver-se. Por isso, não tem necessidade de nenhuma outra lei a não ser o si mesmo, e todas as leis são nele cumpridas e superadas ao mesmo tempo. [...] Dado que ele não tem sobre si nenhuma necessidade, vêm a *coincidir nele o necessário e o livre*. Quando ele se decide por si mesmo na máxima liberdade, toda necessidade é cumprida. Pois ele é a única coisa necessária. [...]

Oferecendo a Deus a própria liberdade no ato de submissão, o amor da criatura se priva livremente da liberdade de buscar e decidir qualquer coisa fora da liberdade de Deus. Escolhe Deus uma vez por todas e renuncia, assim, uma vez por todas a qualquer liberdade de escolha que possa escolher alguma coisa diferente daquilo que Deus escolhe para ele. Isso porque a liberdade deve consistir de agora em diante não mais no escolher aquilo que lhe agrada, mas no escolher *aquilo que é agradável ao amado*. Apenas para aquele que está fora do amor e para o qual a liberdade coincide com a autodeterminação egocêntrica esta oferta da liberdade no amor apresentar-se-á como privação de liberdade."

(VON BALTHASAR, H.U. *Gli stati di vita cristiano*. Milano, 1985, 24.25.55.)

Viver para aprender a amar

"A estupenda beleza da liberdade não está no fato de nos tornarmos livres *de,* mas livres *para* – para amar e para sermos amados. Não, o inferno não são os outros! O inferno é a solidão de quem pretendeu, absurdamente, ser autossuficiente.

Quando me perguntam: 'Por que viemos ao mundo?', respondo simplesmente: 'Para aprender a amar'. A existência do mundo inteiro, na sua incalculável imensidade, não tem sentido a não ser para que existam, por todas as partes, seres dotados de liberdade... Para que o Amor seja possível, não basta que existam as montanhas, os mares, os gelos e as estrela, é preciso que haja ao menos *um ser livre*. E este ser livre tem um fim: 'Tu amarás'. Estamos destinados a encontrar o Amor, cuja fome se faz sentir sob a forma do vazio dentro de nós... Uso muitas vezes a imagem da embarcação. A nossa liberdade consiste em soltar as cordas para estender a vela... Isto não basta para fazer a embarcação avançar. É preciso que o vento sopre. Mas, se o vento sopra quando a vela não está estendida, a embarcação não avançará. É justamente aí que entra a necessária cumplicidade entre a nossa liberdade e a infinita liberdade de Deus. [...]

Podemos nos propor um mundaréu de perguntas: por que tantas imperfeições, tantos sofrimentos? Se temos a certeza de que o Eterno é Amor, que somos amados, que somos livres para poder responder ao Amor com amor, todo o resto não é mais que os 'apesar de tudo'."

(ABBÉ PIERRE. *Testamento*. Casale Monferrato, 1994, pp. 75-76.)

Poesia virgem

Amar o amor

Não conheço outra maneira
de viver
a não ser amando.
Amando o amor
a vida é plena de amor
tão plena
a ponto de poder dá-lo
a todos.[10]

---

[10] PEIRANO, M. *La via*, p. 27.

XI

A RELAÇÃO DO VIRGEM

❄

"Este é o testemunho de João, quando os judeus enviaram, de Jerusalém, sacerdotes e levitas para lhe perguntar: 'Quem és tu?'. Ele confessou e não negou; ele confessou: 'Eu não sou o Cristo'. Perguntaram: 'Quem és, então? Tu és Elias?'. Respondeu: 'Não sou'. – 'Tu és o profeta?' – 'Não', respondeu ele. Perguntaram-lhe: 'Quem és, afinal? Precisamos dar uma resposta àqueles que nos enviaram. Que dizes de ti mesmo?' Ele declarou: 'Eu sou a voz de quem grita no deserto: Endireitai o caminho para o Senhor – conforme disse o profeta Isaías' [...].

'Ninguém pode receber coisa alguma, se não lhe for dada do céu. Vós mesmos sois testemunhas daquilo que eu disse: eu não sou o Cristo, mas fui enviado à sua frente. Quem recebe a noiva é o noivo, mas o amigo do noivo, que está presente e o escuta, enche-se de alegria, quando ouve a voz do noivo. Esta é a minha alegria, e ela ficou completa. É necessário que ele cresça, e eu diminua'" (Jo 1,19-23; 3,27-30).

O virgem, já o dissemos, deve adotar um estilo próprio no relacionamento com o outro. Vale a pena voltar sobre este assunto para tentar precisá-lo e ainda motivá-lo.

Peregrino da relação

Antes de tudo, fique dito com letras bem claras que a relação é parte essencial em um projeto de vida celibatário por causa do Reino. A virgindade *é relacional por sua natureza,* porque

- nasce dentro de uma troca de amor (com o Deus dos cristãos, Trindade de amor, Deus-relação);
- provoca a escolha de colocar o Outro, e depois muitos outros, no centro da vida, renunciando a um relacionamento privilegiado e exclusivo com um só tu;[1]
- amadurece na fidelidade a esta escolha autodescentralizadora, numa vida sempre menos possuída pelo eu e sempre mais habitada por um Amor que inclui os outros, todos os outros;
- volta para Deus enriquecida por toda relação humana.

O virgem é este *peregrino da relação:* "animal social" como nenhum outro (está aberto a todos), mas também "místico da relação" (a vive com um particular estilo, como homem espiritual), e peregrino justamente porque não "reside" numa relação única e estável sobre esta terra, mas se oferece a todos... "em oferta especial", isto é, grátis. Não há nada em comum com o celibatário tão preocupado com a sua observância privada para se defender do relacionamento interpessoal,

---

[1] Segundo Hillesum, "o amor por todos os homens é superior ao amor por um único homem, porque o amor pelo particular é uma forma de amor por si" (HILLESUM, *Diário,* 1941-1943, 5i).

do mundo tentador, quase construindo ao redor de si uma cortina protetora antirrelacional, que trai, de fato, a sua virgindade e a torna duplamente penosa. Talvez, este celibatário-urso tenha passado de moda hoje (ou se sofisticaram as medidas autodefensivas), e foi substituído por um mais moderno e desembaraçado amigão-de-todos(as), um tanto "fulanista" na relação (da qual não transparece nenhum traço tipicamente virginal), seletivo nos relacionamentos e mesmo aproximativo na sua fidelidade celibatária.

Se a relação é essencial e nenhum virgem pode fugir dela, fique dito, porém, que ela pede para ser vivida segundo um *estilo peculiar virginal,* ou seja, um estilo correspondente à escolha e do qual o próprio virgem deve ser ciumento. Isto, pelo menos, por dois motivos. Primeiro, porque aquele estilo *é* a sua pessoa,[2] está ligado à sua vocação, como a sua verdade e liberdade. Em segundo lugar, porque é apenas através de um estilo preciso e bem visível que ele testemunha de modo igualmente palpável e convincente como Deus pode preencher o coração humano e torná-lo amante, ou melhor, sacramento da própria benevolência divina.

Do contrário, a virgindade não diz nada, é insignificante e desoladora, até mesmo desagradável e sem beleza como todas as coisas que não são vividas com coerência e consequencialidade, ou é só lei, imposição proveniente do exterior e, no final, frustração e maldição.

---

[2] "O estilo é o homem", dizia G. Buffon.

Estilo relacional virginal

Mas, então, se existe uma precisa e concreta modalidade típica do virgem de viver a relação, de amar e deixar-se amar, com cordialidade e calor humanos, tal modalidade não pode permanecer subentendida e indefinida, ou estar confiada ao sujeito e ao instinto do momento, mas *deve ser delineada*. Seria grave omissão não determiná-la nem propô-la na formação. Certamente, sem nenhuma pretensão de descrever-lhe em detalhes as implicâncias comportamentais (nada de mais estúpido e antiquado; não se trata de fazer belas estatuazinhas, nem de preparar algum "manual do virgem perfeito"), mas com o intuito de tornar evidente a ligação entre valores inspiradores da opção celibatária e conduta do celibatário, ou – como especificamos mais acima[3] – entre forma e norma. Se a "forma" da vida virgem é uma realidade bem precisa e dramática como o corpo imolado do Cordeiro, também a norma (que serve para pôr em ato aquela forma) não pode ser evanescente e incerta, totalmente subjetiva e alegre, ou privada de drama e mistério.

E também não fazemos isso com uma finalidade moralística-perfeccionista, mas em virtude de uma questão de coerência interna do celibatário, graças à qual a virgindade recupera o seu valor de sinal universal, não só compreensível, mas ainda significativo e eloquente para todos. Dissemos no segundo capítulo: justamente porque hoje a verdade proclamada pela virgindade,

---

[3] Cf. capítulo 6, item "Forma e norma".

em nossa cultura, é fraca, há necessidade de um testemunho forte, ou seja, nítido e inequivocável, visível e solar, sem compromissos e duplos sentidos, legível de imediato como algo de belo e capaz de saciar, para o virgem e para todos, por parte de um virgem não só convicto, mas também feliz.

Por isso, vale a pena tentar identificar pelo menos alguns princípios comportamentais, que naturalmente vão se inspirar em outros tantos princípios ideais, junto dos quais irão compor aquilo que poderíamos definir o *estilo relacional do virgem*.

De modo geral, poderíamos dizer que é o "o estilo de quem, em cada relacionamento humano, deseja ser sinal límpido do amor de Deus, não usurpa e não possui, mas quer bem e quer o bem do outro com a mesma benevolência de Deus".[4] Para especificar e nos inclinarmos ainda mais sobre este princípio, podemos dar estas indicações.

"Colocar-se de lado"

O virgem "se liberta progressivamente da necessidade de colocar-se no centro de tudo"[5] para deixar o centro de toda relação e em toda relação para Deus. Por isso, aprende a adotar, no plano interno do relacionamento com o outro(a), um estilo, de um lado, de discrição, e de outro, de capacidade de amar também intensamente e viver profundas amizades, mas *fazendo*

---

[4] Congregação dos Institutos de Vida Consagrada e Sociedades de Vida Apostólica (CIVCSVA), *A vida fraterna em comunidade*, 37.
[5] Ibid., 22.

sempre emergir a centralidade de Deus em todo afeto humano, aquele lugar que pode ser reservado só para ele.

O virgem, com a sua escolha, quer indicar a todo homem e mulher aquela virgindade que é dom e apelo para todos,[6] recordando que onde há o amor, ali está Deus,[7] e se se quer que o amor entre duas pessoas permaneça fiel e se torne sempre mais intenso, é necessário que cada um respeite aquele espaço no coração do outro que pode ser ocupado só por Deus, porque o coração humano foi criado por Deus e só o Eterno o pode saciar plenamente. Por esta razão, *o centro cabe a ele*. Este é o motivo teológico, ou a forma que está atrás da norma.

O virgem diz tudo isto com uma maneira particular de viver a relação: com o estilo do "colocar-se de lado", o que significa, antes de tudo, que o virgem é pessoa *inteligente* (quase por definição). Então, sabe ou deveria saber até onde podem chegar os seus compromissos e se dá conta de quando alguém o coloca no centro do relacionamento (coisa nada natural, dado que no centro... se está muito bem).[8] Depois, ele é também a pessoa *coerente*. Então, a quem o ama a ponto de colocá-lo no coração da própria vida, o virgem recorda: *"Não sou eu o teu centro, mas Deus"*. E se põe de lado, e não primordialmente para não cometer pecados, mas para que quem lhe quer bem se volte para Deus.

---

[6] Falamos disso no capítulo 2.
[7] *"Ubi caritas et amor Deus ibi est"*. Tem este sentido a frase fulgurante de Pascal: "Se existe o amor, existe Deus".
[8] Parafraseando a conhecida parábola evangélica, poderíamos colocar aqui a distinção entre virgens inteligentes e estultas.

E se alguém quer inserir-se no centro da sua vida de virgem e dos seus afetos, quase se gabando de uma prioridade no seu amor e prometendo plenitude de saciedade, também a estes ele recorda, com mais tato do que com firmeza: *"Não és tu o meu centro, mas Deus"*.[9] Ainda uma vez, não em primeiro lugar para não cometer transgressões, mas para afirmar o amor do Eterno como único grande amor que sacia o coração humano.[10] E tudo com fina elegância, sem ver o diabo por toda parte, nem tratar alguém como tentador ou sedutor.

Talvez João Batista, com a sua categórica recusa de ser considerado o Messias (Cf. Jo 1,19-20), e a liberdade, depois, não só de reconhecer o Cordeiro de Deus (1,29), mas de deixar que os próprios discípulos se fossem com ele (1,37), seja a imagem exemplar de quem não usurpa a identidade (e uma centralidade) que não lhe pertence, mas se alegra porque ele, o Messias, "deve crescer e eu diminuir" (3,30).

Mas, também a postura de Jesus é eloquente neste sentido, quando – procurado pela multidão ("todos estão te procurando") – não se deixa encontrar ("Vamos a outros lugares!", Mc 1,37-38). Enquanto um virgem

---

[9] Cf. MAGGIONI, La lieta notizia della castità evangelica, p. 456.
[10] No oriente, na prática da direção espiritual, ainda hoje como no passado, é frequente que o diálogo entre o guia e o discípulo não se dê um sentado na frente do outro, olhando-se nos olhos e conversando diretamente, mas sentados um *do lado* do outro, ou um passeando *ao lado* do outro, ou ainda, quando se trata da confissão, voltados ambos para um ícone ou crucifixo. Uma maneira muito clara de afirmar que nenhum é o centro do outro, pois Deus o é de todos (Cf. A. CENCINE, Il contatto corporale nella relazione di aiuto. *Tre Dimensioni*, 1[2004], 50).

pode reagir assim diante de certas solicitações, o seu celibato funciona, pois é sinal daquele *"outro lugar"* onde todo amor humano encontra raízes e realização.

Tocar sem invadir, nem possuir

O virgem deve saber viver com liberdade interior relações empenhativas, na quais lhe é dado e lhe é pedido acolher plenamente a vida do outro e chegar até o limiar do mistério do tu. No entanto, precisará aprender a fazer tudo isso com extrema delicadeza e grande tato, com sobriedade e respeito dos sentimentos alheios. Aprendendo a arte do *passar ao lado tocando,* com a sua relativa linguagem. Arte finíssima, que se aprende apenas com um longo e custoso controle e afinação do espírito e da psique, dos sentidos e das posturas, respeitando o espaço do outro, também o físico, porque – eis o princípio formal – *não é o corpo o lugar, nem o motivo do encontro na relação virginal, mas Deus, a busca da sua face e do seu amor.*

Assim, o virgem aprende a "linguagem da delicadeza", que é bem diferente da rigidez escrupulosa, não nasce do medo de contaminar-se e tampouco se exprime desajeitadamente ou é traído por vermelhões embaraçosos, mas afirma e revela a linearidade de uma vida fiel à escolha e à busca de Deus, e capaz de transmitir a certeza de que Deus é o verdadeiro e único ponto de encontro entre dois seres, sempre.

Por isso, ele vive muitas relações também com intensidade, mas sempre *tocando* o outro, ou seja, evitando qualquer postura ou gesto que assuma o sentido de invasão da vida alheia, de penetração dos seus espaços, de manipulação possessiva de seus membros..."[11]

Se "não é casto aquele que estende a mão para declarar *próprio* o objeto do amor",[12] não é virgem aquele que usa o outro como objeto e termina por fazer do corpo o lugar e o motivo do encontro (como é típico de outros estados vocacionais). Foi dito que castidade, e ainda mais virgindade, significa "relacionar-se sempre com os outros como se se entrasse numa loja de cristais".[13]

Mas, no fundo, esta sobriedade e delicadeza estão na própria natureza do amor, que é de *per se* quieto e gentil, como a poetisa E. Jennings explica àquele que ama:

> Não tens necessidade de tocar, de sentir,
> talvez não haja sequer necessidade de sentidos,
> porque este amor...
> é sempre pleno de estupor compartilhado.

---

[11] Interessante o que diz J. Vanier sobre *o respeito pelo espaço físico do outro*, ainda que dirigido a um destinatário particular (as comunidades da Arca para deficientes mentais): "Cada um de nós tem necessidade vital de um espaço secreto. Geralmente, cada um conhece os próprios limites, até que ponto pode ir. Devemos ter todos um imenso respeito pelo espaço necessário ao outro e não procurar, a todo custo, andar com demasiada pressa (...). É verdade que, às vezes, algumas pessoas procuram o amor, são muito sensíveis aos gestos, mas se deve ajudá-las a encontrar o seu espaço, e não podemos fazer isso acariciando-as. Às vezes, é este o melhor modo para as desnortear! É preciso, então, ajudar cada pessoa a encontrar o seu próprio espaço e, ao mesmo tempo, respeitar este espaço. Amar não é dar a mão a alguém quando se caminha pela estrada, não é acariciar. É ajudar a pessoa a se tornar mais livre, a ser ela mesma, a descobrir a própria beleza, a descobrir que é uma fonte de vida. Dando, pode-se matar; pensa-se que se ama e se cria um estado de dependência que leva à frustração e ao ódio, ou se leva a acionar todo o mundo da sexualidade ou do ciúmes, de maneira que o outro não sabe mais como se governar" (VANIER, J. *La paura di amare*. Padova, 1984. pp. 25-26).

[12] DANIELI, M. *Liberi per chi? Il celibato ecclesiastico*. Bologna, 1995. p. 85. [Trad. bras.: *Livres para quem?* O celibato voluntário. São Paulo: Loyola, 2007.]

[13] PATRIARCA, E. Cari giovani, più sobrietà. *Avvenire* 7/3/2001, p. 18.

O beijo de Francisco e o abraço de Teresa

De qualquer forma, no imaginário coletivo, a virgindade permanece sempre ligada à ideia da renúncia, mais ou menos heroica, mas em todo caso custosa, ou, ao menos, à ideia de uma rarefação relacional, de uma solidão existencial, de um empobrecimento sentimental. É uma ideia difícil de morrer, e muitas vezes ligada também a certo contratestemunho por parte dos representantes da classe.

É evidente que celibato quer dizer renúncia, mas renúncia *sábia,* isto é, motivada pelo amor e capaz de criar no indivíduo nova capacidade de amar, novos espaços de liberdade, novos gostos e atrações. Como acontece com Francisco, que supera a natural aversão e aprende a amar com afeto sensível o irmão leproso, e se sente atraído por uma face repugnante a ponto de beijá-la. Ou como Teresa de Calcutá, que não socorre simplesmente o moribundo sozinho e abandonado pelo caminho, mas o abraça, o quer e lhe exprime um imenso bem, cuida dele e o protege, sente-se atraída por sua humanidade.

Esta é a imagem da virgindade, ou a isto visa a opção virginal: a *transformar o coração, os sentimentos, os instintos...* Francisco e Teresa não fazem apenas as vezes de enfermeiros da cruz vermelha, nem são movidos pela preocupação de nos dar o bom exemplo. Muito menos fazem teatro ou se esforçam por amar aqueles pobres. Pelo contrário, eles os amam com todo o coração, porque o coração deles se transformou, a virgindade o mudou e o tornou não mais só humano, embora amando de uma maneira humaníssima e rica de calor.[14]

Esta extraordinária liberdade é o objetivo da renúncia do virgem; não o deserto dos sentimentos ou a inexistente "paz dos sentidos", nem uma perfeição que comporte uma diminuição da própria humanidade ou uma excessiva e mal-entendida seriedade (que torna o virgem antipático), mas a capacidade de amar de modo totalmente inédito, não mais segundo a lógica e a linguagem da atração instintiva e egoísta, que ama só aquilo que sacia de imediato, mas segundo um critério diferente por completo. É aquilo que deriva da *coragem de ter dito não ao rosto mais bonito para ser livre para amar o mais feio,* como fizeram Francisco e Teresa; ou o que procede da escolha de não adotar mais critérios seletivos para aprender a amar da maneira de Deus, que é rico de misericórdia e se inclina sobre aquele que está sozinho e abandonado, e ama de modo especial quem está mais tentado a não se sentir amável. Da mesma maneira, o virgem privilegia quem corre o risco de ser oprimido por tal tentação.

Esta virgindade é sinal luminosíssimo da *caritas* do Eterno e a prova mais evidente de que um coração de carne pode ter as vibrações da paixão de Deus pelo homem.

---

[14] Assim confessava o próprio Francisco no seu *Testamento*: "Quando estava nos pecados, parecia-me coisa por demais amarga ver os leprosos; e o próprio Senhor me conduziu entre eles e usou com eles de misericórdia. E, distanciando-me deles, aquilo que me parecia amargo foi-me mudado em doçura de alma e de corpo" (Testamento di San Francesco (1226). *Scritti di Francesco d'Assisi*. Assisi, 1986, 66, n. 110).

A linguagem da beleza

Há uma espécie de aposta na vida do virgem por causa do Reino dos céus: a aposta de que se possa manifestar uma incrível riqueza de calor humano – e não só humano –, também se abstendo de qualquer gesto e intimidade.

Sem dúvida, isso implica um preciso caminho ascético: faz-se necessário um treinamento à renúncia para dizer não a um instinto profundamente enraizado, tal como o é necessário para aprender a exprimir benevolência, a não se defender do coenvolvimento com o tu, a não ter medo dos próprios sentimentos, a deixar-se amar e a reconhecer com gratidão os sinais de afeto ao redor de si, sem pretendê-los sempre ainda com fome insaciável, a amar para além dos vínculos naturais e de amizade...

Contudo, a ascese da virgindade não é só aquela da abstenção, mas também e sobretudo aquela da "ascensão", da ascensão rumo à beleza. O virgem renuncia a algo de belo (o amor conjugal) por algo ainda mais belo. Como consequência, também o seu testemunho não poderá ser senão belo. Belo porque nasce da certeza experiencial de que Deus é belo e de que é doce amá-lo,[15] belo é o templo, bela é a liturgia, belo é cantar os louvores do Altíssimo; é belo estar juntos em seu nome, é bela a amizade, é belo trabalhar juntos,

---

[15] "Deixa-me, Senhor, beijar teus pés, deixa-me acariciar tuas mãos que me plasmaram, mãos que criaram sem que se cansassem. Permita-me, ó Senhor, que eu contemple a tua face, e goze de tua beleza sem ocaso" (SIMEÃO, NOVO TEÓLOGO, *Hinos* 24, SC 174 (1971), 226).

com todas as complicações, lentidões e fadigas que isso comporta.

Mas a beleza se torna também tarefa e urgência em tempos de decadência do gosto estético e de marginalização do belo. Em outros termos, o virgem, feito sensível à (e pela) beleza, torna-se seu artífice e faz de tudo para que todas as coisas sejam belas em si e ao redor de si, e daquela mesma beleza contemplada em Deus, humana e divina, na simplicidade e sobriedade criativa: que seja bela a casa, a mesa posta, o quarto arrumado (e não semelhante a uma tipografia ou a uma oficina ou a um armazém ou dispensa ou a qualquer coisa não bem identificável e onde é praticamente impossível viver[16]). Que haja gosto e decoro nos ambientes, propriedade e simplicidade na decoração, perfume de limpeza e bom gosto por toda parte, elegância e fineza no trato, para que tudo na casa deixe transparecer a presença e centralidade de Deus, suma Beleza, e cada um se sinta acolhido como em sua casa, numa casa amiga. A beleza não é, por acaso, o ponto mais alto da ascensão, onde o bem e o verdadeiro se encontram?

Neste contexto de beleza aumenta a qualidade de vida, e também os gestos assumem como que um valor acrescentado, o da dimensão estética. Então, se aprende também os mil caminhos e nuances da riquíssima linguagem simbólica do amor, além dos termos da linguagem genital ou físico-gestual; e cada coisa, olhar,

---

[16] Cf. CENCINI, A. *Il respiro della vita. La grazia della formazione permanente*. Milano, 2002, p. 136. [Trad. bras.: *O respiro da vida*; A graça da formação permanente. São Paulo: Paulinas, 2004.]

palavra, e gesto, também o menor, pode expressar, como que por encanto, atenção e cuidado com relação ao outro, estima e respeito, serviço e dom de si, afeto e solidariedade...

Se a beleza é "um mundo penetrado de amor", o virgem é habitante deste mundo, é seu guarda e artista.

Espiritualidade patrística
Olha, ó Pai, para o teu dom

"Agora, ó Pai da graça, apresento a ti os votos,
dando-te inúmeras graças à tua piedade,
pois nas virgens consagradas vemos sobre a terra
aquela vida que no paraíso
há um tempo tínhamos perdido.
Peço-te que defendas esta tua serva,
que teve a coragem de servir a ti
e de te consagrar a sua alma e o amor da sua pureza.
Ela, que te ofereço pelo ofício de sacerdote,
eu a recomendo a ti pelo afeto de pai.
Olha, ó Pai, para o teu dom:
Tu que para santificá-lo não pediste
o conselho de ninguém.
Está aqui uma jovenzinha que anseia para ela
as porções imaculadas da fé e da piedade.
Protege, Pai de amor e de glória, a tua serva,
de modo que mantenha sólidos –
quase num jardim fechado e fonte selada –
os claustros da pureza, os selos da verdade.
Que ela encontre aquele a quem amou,
que o retenha e não o deixe ir,

até que receba aquelas belas feridas de amor
que são preferíveis aos beijos.
E, dado que o seu Dileto
quer ser buscado muitas vezes,
para colocar à prova o amor: siga a Ele que corre,
saia a fé e sua alma rumo à Palavra,
seja peregrina pelo corpo, para estar com Deus:
vigie o seu coração, durma a carne.
Aprenda a possuir o seu corpo,
aprenda a humilhar-se:
tenha firme o amor, muralha da verdade,
recinto do pudor.
No coração, esteja a simplicidade;
nas palavras, a medida;
com relação a todos, o pudor;
com relação aos parentes, o amor;
com relação aos necessitados e pobres,
a misericórdia:
venha sobre ela a bênção do moribundo,
e a boca da viúva a bendiga.
Que em todos os seus sentimentos e obras,
deixe transparecer Cristo,
olhe a Cristo, fale de Cristo.
Então, sai tu, Senhor Jesus, no dia de tuas núpcias,
acolhe esta tua serva que logo se dedicou a ti
com o espírito, agora também com a profissão.
Enche-a do conhecimento da tua vontade,
recebe-a desde o princípio para salvação,
na santificação do espírito e na fé da verdade.
Abre a tua mão e enche a sua alma de bênçãos
a fim de que tu salves a ela que em ti espera:

por aquela cruz eterna, por aquela venerável glória da Trindade, a quem é a honra, a glória, a eternidade... Amém."

(Oração de Ambrósio para a consagração de uma virgem, em AMBROGIO, *La verginità* [pagine scelte]. Roma 1974, 17,104.107-108.111-114. Apud GROSSI, V. "La verginità negli scritti dei Padri. La sintesi di S. Ambrogio: gli aspetti cristologici, antropologici, ecclesiali. *Il celibato per il regno*. Milano, 1977, pp. 163-164.)

Deus é belo...

"É belo enquanto Deus, o Verbo junto de Deus...

É belo no céu, belo na terra; belo no seio da mãe, belo nos braços dos pais; belo nos milagres, belo entre os flagelos; belo quando convida à vida, belo quando não teme a morte; belo ao entregar a vida, belo ao retomá-la; belo no madeiro da cruz, belo no sepulcro, belo no céu."

(AGOSTINHO, *Comentário aos salmos,* 44,3.)

Espiritualidade moderna
O sacerdote e a mulher

"A direção espiritual das mulheres, caríssimos irmãos, exige um pouco mais de sutileza, de sensibilidade, de competência e, talvez, também de tempo; nunca é perdido o tempo dedicado a formar pessoas que podem também transformar um gesto de serviço numa vocação de toda uma vida... No exercício límpido e inteligente do ministério nascem amizades espirituais que ajudam também a vida espiritual do sacerdote.

A direção espiritual das mulheres requer também prudência e firmeza: deve-se, de fato, vigiar sobre aquelas pessoas que tendem a sequestrar o padre, com uma espécie de ciúmes, como se ele fosse o substituto do marido (que até mesmo não conseguiram encontrar), e também sobre aquelas que se instalam nas coisas da Igreja com aquele ar extravagante e autoritário que acaba por distanciar os demais ao invés de fazer a comunidade crescer.

Colaborar com as mulheres e ajudá-las em seu caminho de fé requer a sabedoria própria das pessoas maduras, que sem dúvida o Espírito Santo pode conceder também aos jovens. Com certeza, não é apto aquele jovem sacerdote que presta atenção aos suspiros das jovens mulheres mais do que à sua necessidade do Evangelho, que fica impressionado com a atraente juventude mais do que com a desoladora banalidade, que não percebe que, enquanto fala de elevadas intuições espirituais e cita textos sugestivos como poesias, a jovem mulher permanece encantada a contemplar os seus olhos, fascinada por sua voz, sorri com ambíguas mensagens e pede para poder voltar logo...

A experiência e a liberdade do coração ensinam a desmascarar, por detrás da exibição de um problema vocacional ou de uma grave dúvida de fé ou de uma particular aspiração à oração, o desejo de encontrar uma pessoa disposta a dar importância às suas confidências e a consolar uma solidão. Um sacerdote sábio entende que não pode ser o substituto de um pai que exauriu a sua capacidade de dar segurança, ou de um filho que se fez estranho, ou ainda de um marido que não satisfaz. Por isso, ao invés de se fazer consolador de mulheres frustradas, se faz educador de mulheres livres, dispostas a enfrentar, com realismo e capacidade de sofrer, as responsabilidades e os cansaços da vida.

Depois, há as mulheres que se apaixonam pelo sacerdote. Nem sempre o sacerdote ofereceu motivos para esta explosão de emoções e sentimentos que se assemelha, mais do que qualquer outra coisa, à paixão e ao gosto do proibido. Contudo, quanta ingenuidade! A euforia de um instante, a condescendência aos hábitos do nosso tempo, uma desenvoltura que é mais superficialidade que liberdade, criam uma confusão de linguagens: os gestos, os olhares, as lembranças trazidas de longe – como um gesto de cortesia – podem, muito facilmente, ser entendidos como uma mensagem de atenção particular, uma invocação de amizade, uma solicitação a tentar. E me surpreende que seja suficiente tão pouca coisa para enganar e coenvolver em histórias muitas vezes bem complicadas um homem, um sacerdote, que percorreu um longo itinerário espiritual, pensou muito na sua vocação, decidiu-se por uma palavra definitiva, está habituado a refletir e a ensinar a distinção entre o bem e o mal, a chamar pelo nome as paixões e a constatar a tristeza do pecado. E que deveria saber a distinção entre a pulsão suscitada por uma pessoa jovem, bonita, interessante, e o amor que acompanha uma pessoa também quando é velha, feia e enfadonha.

E depois, caríssimos irmãos, não seria bom refletir também sobre por que em nossas comunidades os homens são assim poucos?"

(DELPINI, M. *Reverendo che maniere! Piccolo Galateo Personale*. Cinisello Balsamo, 1997, pp. 69-71.)

Cantus firmus

"É, porém, o perigo de todo forte amor erótico que, por ele, se venha a perder – gostaria de dizer – a polifonia da vida. Pretendo dizer isso: Deus e a sua eternidade querem ser amados com todo o coração; não de um modo que resulte comprometido ou enfraquecido o amor terreno, mas, num certo sentido, como um *cantus firmus,* com relação ao qual todas as outras vozes soam como contraponto. Um destes temas de contraponto que têm a sua *plena autonomia,* e que estão, contudo, relacionados ao *cantus firmus,* é o amor terreno. Também na Bíblia existe, de fato, o Cântico dos Cânticos, e não se pode verdadeiramente pensar em um amor mais cálido, sensual, ardente do que aquele do qual ele fala (cf. 7,6)... Onde o *cantus firmus* é claro e distinto, o contraponto pode desdobrar-se com máximo vigor. Para falar com os termos de Calcedônia, um e outro são "indivisos, embora distintos", como o são a natureza divina e humana de Cristo. A polifonia na música não nos será, talvez, tão próxima e importante pelo fato de constituir o modelo musical deste fato cristológico e, então, também da nossa *vita christiana?* Só ontem tive estas ideias, depois da tua visita. Compreendes aquilo que pretendo dizer? Queria pedir-te para deixar ressoar com clareza na vossa vida juntos o *cantus firmus,* e só depois haverá um som pleno e completo, e o contraponto se ouvirá sempre sustentado, não poderá desviar nem desprender-se dele, e permanecerá, contudo, algo de específico, de total, de completamente autônomo. Somente quando nos encontramos nesta polifonia a vida é total, e ao mesmo tempo sabemos que não pode acontecer nada de funesto enquanto vier mantido o *cantus firmus*."

(BONHOEFFER, D. *Resistenza e resa*. Cinisello Balsamo, 1988, pp. 373-374.)

Algumas pequenas atenções

"Eis uma série de critérios indicativos (acerca do problema do contato corporal na relação de ajuda), não só para puxar para fora nos momentos críticos, quando existe... um mar agitado, mas a serem conservados na mente e no coração para criar em si uma mentalidade e consciência sempre mais reta, capaz de sugerir a postura correta nestas circunstâncias.

Formulo tais considerações, imaginando falar com um Diretor espiritual.

1. Seja realista. Saiba que a *carne une muito mais do que se pensa*, e que os gestos físicos em todos os casos falam, deixando o sinal, reforçam o sentimento, incidem na psique e no coração, podem criar dependência.

2. Normalmente, nestes casos... *não se volta atrás*, ou é difícil fazê-lo, isto é, o gesto físico constitui um ponto de não retorno. Até mesmo pode-se ir mais além, inventar alguma coisa de novo, mas sempre a partir de onde se atingiu, como se fosse um elemento já adquirido.

3. Seja responsável e não egoísta. Não se contente em estar tranquilo, por sua própria conta, mas

sempre se pergunte que reações o seu gesto *pode provocar ou provocou no outro(a)*. Assim, poderá ver o problema com maior objetividade.

4. Em todo caso, seja honesto consigo mesmo e com o seu corpo, o qual, se estimulado, é capaz de uma miríade de emoções, que ajudam a discernir a qualidade do relacionamento. Você está de fato seguro de saber *ler a linguagem do seu corpo*, ou seja, das reações dele (e as suas)?

5. Desconfie daquele modo de pensar e discernir que dá a precedência à sensação do próprio bem-estar sobre *a qualidade global do operar* (os gestos, inclusive). Seria uma regressão ao estado infantil.

6. Não seja tão banal a ponto de fazer apenas o exame *de* consciência, mas aprenda a fazer também o exame *da* consciência, isto é, a não dar por certo que a sua consciência julga bem, mas pergunte-se com frequência: "como a minha consciência me permite sentir como lícito ou não aquele gesto, estou certo de que ela esteja bem formada?". De fato, não esqueça: existe liberdade de consciência, mas não existe liberdade na *formação* da consciência do fiel.

7. Cada *estado* vocacional tem o seu correspondente *estilo* relacional ou o seu modo de amar. E alguém é verdadeiro e livre no seu amar na medida em que adota o *seu* estilo, aquele ligado à *própria* vocação. Começa-se, pelo contrário, a fazer estragos, usando maneiras de se relacionar e de manifestar afeto que são próprias de outras

vocações. Acaba-se traindo a si mesmo e não se realizando, e ainda menos se é verdadeiro e livre. É só fonte de confusão e contradições.

8. Eis algumas delas. A de quem dirige uma alma e, depois, *ele é dirigido* pelo seu instinto; ou de quem acompanha em direção a Deus, mas de fato *gira em torna de si mesmo;* ou de quem ensina a ler a voz de Deus enquanto não *sabe ler* nem sequer o próprio coração e os seus sentidos; ou de quem faz às vezes de pai e não se dá conta de ser ainda uma *criança*...

9. Não se iluda: você não pode dar liberdade se, primeiro, você não está livre dentro de si. Mas se você reconhece a sua fragilidade e busca mantê-la sob controle, já está a caminho da liberdade.

10. Só lentamente é que alguém se torna diretor espiritual, capaz de estabelecer aquela *"distância afetivamente cálida"*. Então, nem correr de mais, nem presumir de si mesmo. Apenas quando você tiver tomado confiança em sua própria solidão de virgem e a tiver experimentado como plena de presença e calor, apenas quando você tiver aprendido que a renúncia inteligente e motivada, fiel e coerente, pode também ser momento de plenitude humana e até de alegria, então o espaço ao seu redor se ilumina e aquece, e toda a sua pessoa, não só alguns gestos, exprimirá acolhimento e benevolência."

(CENCINI, A. Il contatto corporale nella relazione di aiuto. *Tre Dimensioni* 1 [2004], 57-58.)

Poesia virgem
Alma total
E em todo gesto, em todas as coisas
em todo lugar
colocar a alma total
no amar
como se fosse a primeira
e a última vez.[17]

---
[17] PEIRANO, M. *La via*, p. 39.

XII

A VIRGINDADE NA VIDA (E NA MORTE)

❋

"Eu gostaria que estivésseis livres de preocupações. O homem não casado é solícito pelas coisas do Senhor e procura agradar ao Senhor. O casado preocupa-se com as coisas do mundo e procura agradar à sua mulher. E, assim, está dividido. Do mesmo modo, a mulher não casada, a virgem, preocupa-se com as coisas do Senhor e procura ser santa de corpo e espírito. Mas a que é casada preocupa-se com as coisas do mundo e procura agradar ao seu marido.
Digo isto para o vosso próprio bem e não para vos armar um laço. O que eu desejo é levar-vos ao que é melhor e à dedicação integral ao Senhor, sem outras preocupações" (1Cor 7,32-35).

A virgindade não se reduz ao voto de castidade, especialmente se entendido como algo rigidamente delimitado a uma área precisa da vida relacional, marcado por uma simples regra de limites a não serem ultrapassados e de renúncias a adotar, de atos, em suma, muito específicos e com referência a um âmbito igualmente delimitado do próprio mundo interior.

A virgindade é um modo de ser e de viver. E o é porque está relacionada com o amor, com o modo de amar, então, com *todo* o homem. A teoria psicológica da centralidade da energia sexual encontra evidentes correspondências em uma antropologia que coloca no centro da existência o amor, como é a antropologia bíblico-cristã.

Desta forma, se a sexualidade está em relação com todas as diversas áreas da personalidade (e ainda antes, no nível biológico, cada célula contém a própria caracterização sexual), uma opção virginal de vida, tendo que se confrontar com a sexualidade (é sexualidade pascal, já o dissemos), reflete-se em *todos* os ângulos e detalhes da vida, difunde-se e se estende *por toda parte* na pessoa, é um modo geral de ser, sobretudo de viver a relação, com Deus, com os outros, com as coisas, com o criado; de ser amigo, de pensar a vida, de decidir aquilo que conta, de rezar, de trabalhar, de fazer festa, de ser pobre e obediente...

É importante, então, especificar este modo de viver na virgindade, para sermos coerentes e evitar o risco oposto, aliás nada infrequente e bastante desastroso do ponto de vista do testemunho.

Conflito consciente e inconsciente

Quando a virgindade é só um voto que exige algumas renúncias e não se estende a toda vida e a toda pessoa, é como que administrado e "suportado" apenas por uma parte do organismo psicológico-espiritual, não por sua totalidade, nem "com todo o coração, toda a mente e toda vontade".

Poderá, então, desencadear uma espécie de conflito interno, razão pela qual o coração, por exemplo, não segue as diretivas da razão: não será difícil perceber tal situação, mesmo porque isso, antes ou depois, criará um contraste insustentável na pessoa. Será, portanto, um conflito *consciente*.

Ou, então, poderá desencadear outro mecanismo, desta vez, porém, em nível *inconsciente*. Trata-se do mecanismo da *compensação,* através do qual a renúncia ou vazio criados pelo voto são, de alguma maneira, recuperados ou balanceados em *outros* setores da vida, com comportamentos geralmente ambíguos e excessivos ou buscando substituições. Isto, no entanto, sem que a pessoa se dê conta do mascaramento (ou da transferência) e da finalidade daquele comportamento. É clássico o caso do celibatário que compensa a falta de certa relação acumulando coisas ou multiplicando contatos ou condescendendo a determinada curiosidade; ou ainda lançando-se sem controle na atividade ou pior, no comer e no beber; ou que se torna rígido e indiferente, ou autoritário e agressivo, para dizer a si mesmo que não precisa de ninguém a seu lado; ou o que desenvolve em várias formas (desde a masturbação ao cuidado excessivo do próprio corpo) uma atenção totalmente centrada em si (o típico narcisismo do reverendo). Já falamos disso,[1] mas agora vejamos algum aspecto novo.

Em tais casos, não só o testemunho é contradito, mas é transmitida a mensagem, muito negativa, de

---

[1] Precisamente no capítulo 4.

que a virgindade não sacia, nem é sã. Cria uma *descompensação* em quem a escolhe que, pobrezinho, deve recorrer a *compensações* para sobreviver e... conservar a castidade, se possível, sem perder o gosto de viver. Com efeito, depois, não esqueçamos que a própria compensação, como todo mecanismo defensivo, é de *per se* algo de *ilusório e contraditório,* "é um prato de frutas de plástico", artificiais, que cria "saciedade fingida",[2] senão até mesmo droga que incha e nada mais, porque permite só uma gratificação *vicarial* ou para remediar, de insuficiente qualidade e não plena. Toda forma de compensação deixa o amargo na boca e um ressaibo doloroso, pois é como uma saída desesperada de alguém que é constrangido a se contentar com muito pouco e que, por isso, muitas vezes, como reação, exagera, iludindo-se que o aumento de dose o saciará.

Ademais, eis a contradição, o estratagema da compensação acaba por tornar ainda mais insegura a observância da própria virgindade, pois a liga e condiciona a gratificações em outro setor da personalidade. Assim, se cessa tal gratificação (por exemplo, mediante o insucesso no trabalho), ou aquela postura já não sacia mais (como quando não basta mais gratificar os olhos), também o voto está em perigo. Via de regra, acontece justamente assim, e então ou aumenta a dose de gratificação ou é crise verdadeira. Eis por que normalmente o virgem compensado é um virgem triste e fingido.

---

[2] DANIELI, M. *Liberi per chi?*, p. 41. [Trad. bras.: *Livres para quem? O celibato voluntário.* São Paulo: Loyola, 2007.]

Virgindade como estilo de vida

Vejamos, por outro lado, o que se dá quando a virgindade se torna modo de ser, estilo de vida geral do consagrado, estendendo-se idealmente a todos os seus gestos. Tomaremos aqui em consideração só alguns aspectos ou consequências de uma vida virginal. Como toda célula traz a marca da pertença sexual, assim todo gesto do virgem por causa do Reino dos céus exprime virgindade.

Oração virgem

É oração que exprime de várias formas *a liberdade do coração e do relacionamento com Deus*. Por exemplo, é a oração de quem não se sente protagonista da oração, mas acolhe como um dom o poder estar diante de Deus, e goza com o *deixar-se olhar* por ele, goza deste olhar que envolve, como sombra que o cinge e o torna fecundo (cf. Lc 1,35), não para gerar e multiplicar palavras (postura "impura" de sutil pressão sobre o outro), mas para deixar que a palavra fecunde o pequeno seio da sua vida virgem.

Ou, ainda antes, estilo virgem orante é aquele de quem, quando lê a Palavra, na realidade *se deixa ler* pela própria Palavra;[3] não a domina, não lhe faz violência alguma, com a pretensão de compreendê-la toda e logo, mas lhe dá espaço para que se deposite lenta-

---

[3] "Tuas Escrituras são *castas delícias* para mim", escreve Agostinho, desejoso de estar "entre as tantas páginas cheias de mistério como um dos cervos que nestas florestas se refugiam e se restauram, passeiam e pastam, se deitam e ruminam" (AGOSTINHO, *Confissões*, XI,2,3).

mente no seu coração virgem, para que estabeleça casa e raízes na sua morada, ele a acolhe com delicadeza, conserva-a como um tesouro. Como Maria... de fato, é oração *mariana*, de espera e paciência, de confiança e intimidade, de abandono e esperança.

Mas, o virgem por causa do Reino conhece também a oração sofrida, sabe bem que em certos momentos a fidelidade à sua promessa de celibato foi sustentada apenas pela oração,[4] e esta foi como que uma *luta orante*. Está convencido, em particular o sacerdote celibatário, de que a questão do celibato não é opção teórica discutível ao infinito, mas diz respeito a "uma parte da teologia que se adquire de joelhos na oração".[5]

Virgindade quer dizer tempo dedicado ao Senhor, em quantidade e, sobretudo, em qualidade. É tempo que celebra a centralidade de Deus na vida humana e que lentamente se estende sobre toda a vida. É o gosto de estar com o amado do próprio coração.

A *liberdade do virgem*

Virgindade é descobrir a dignidade do homem e colocar tal dignidade não do lado externo, mas no interior do homem, não nas coisas que se possui ou nos sucessos que se obtém, mas na capacidade de se rela-

---

[4] "Tu Bênção de vida, Providência atenta para com todos os seres, aqueles de lá e aqueles daqui. Se, de fato, tu aceitaste morrer por mim, ó Tu, Deus e Senhor de todos, quanto mais consentirás também, agora, em partilhar as minhas fraquezas, plenas de perigo..." (GREGÓRIO DE NAREK, *O livro das orações*. SC 78 (1961), oração 95, 524).

[5] RAHNER, K. *Lettera aperta sul celibato*, 39. O conhecido teólogo continua dizendo: "Eu espero que esta teologia esteja ainda presente entre os sacerdotes".

cionar com os outros (especialmente com o Outro), no amor que se recebe e que se dá. Portanto, não àquelas formas de posse que são modalidades sutis de impureza e violência contra si mesmo, às coisas e a quem delas é privado; ou ao acúmulo, porque indicaria *o vazio do coração que se tornou insuportável e a pretensão de negar isso preenchendo com a quantidade de objetos,* que depois nunca são suficientes, com relativo afã e frustração e maldição; não àquela sensação do eu construído sobre os próprios êxitos e sobre os próprios títulos, sobre a carreira e o sucesso, e deles dependente, porque seria ainda impureza, a impureza de Narciso que adora a si mesmo e não é mais livre de viver e conviver, de se esquecer e se doar, de experimentar empatia e gozar do bem do outro...

O relacionamento com Deus preenche e sacia, torna livre e leve, faz saborear sobriedade e beleza, apaga a inquietude ligada ao que comerei, como vou me vestir, para onde me mandarão, que possibilidade de me realizar terei, que promoções vou conseguir, e permite relacionar-se com as coisas e os bens deste mundo com respeito e liberdade.

Pobreza que enriquece

A virgindade é pobreza, é renúncia a alguma coisa muito bela, a uma relação importante, cria um vazio ou uma pobreza realíssima. É inútil escondê-lo. Por isso, existe uma natural afinidade entre o virgem e quem é afligido por várias pobrezas humanas, como um acordo entre os pobres.

O virgem, em particular, é *pobre com os pobres de amor*,[6] com quem está sozinho ou, por vários motivos, é condenado à solidão.[7] A solidão, ele a escolheu também por isso, para que os outros estejam menos sozinhos.[8] E, escolhendo-a, experimentou e sofreu a própria pobreza de amor, reconheceu aí aquela ferida radical ou vazio de amor que há em todos e em alguns de um modo particular, mas a encontrou, no fim, plena de amor. Por isto, pode agora enriquecer o outro com a sua pobreza. Exatamente como o Filho (cf. 2Cor 8,9).

Em concreto, este virgem é pobre, não vai em busca de grandes coisas justamente porque não tem necessidade delas ou porque, como a criança amamentada do salmo 131, tem certeza do amor recebido e sereno no braço de Deus. Por isto, está ao lado de quem sofre a própria pobreza e é tentado pelo desespero...

---

[6] "A última pobreza dos pobres se chama amor" (F.FUSCHINI, *Mea culpa*, Milano, 1990, p. 32).

[7] "Existe quem gostaria de se casar e não pode. Existem mulheres que investiram tudo na esperança de um matrimônio, e envelheceram solteironas. Existem os viúvos, os separados, os divorciados sem culpa. Existem os doentes, os deficientes constrangidos a passarem sem o sexo. Os homossexuais, os encarcerados, quem está ligado a um parceiro doente ou paralítico, sexualmente inativo... Todos estes, se querem viver como cristãos, são obrigados à castidade e, ainda mais, não escolhida, não querida. Por que o padre deveria se identificar com os casados e não tanto com todos estes outros? Onde vai acabar a 'opção preferencial pelos pobres'? O matrimônio, o amor do casal, é também uma riqueza. Então, é a mesma história de sempre: os padres estão do lado dos ricos?" (Carta à redação de um semanário em seguimento a uma pesquisa sobre o matrimônio dos sacerdotes, citada in: BOLLA, *La castità questa sconosciuta*, p. 86).

[8] Interessante, neste sentido, a experiência de G. Adam, sacerdote que trabalha na comunidade da Arca de J. Vanier, e vive o próprio celibato como compartilhamento de uma pobreza e resposta a uma exigência precisa das pessoas deficientes: "Cremos que estas pessoas tenham necessidade de assistentes celibatários, homens e mulheres, que fiquem com eles por toda a vida. Deste modo, Deus suscita novas vocações, novos modos de viver o celibato" (G. ADAM, *Mi ami tu? Il celibato per il Regno. Una vocazione vissuta all'Arca*. Bologna, 1997. p. 7).

Pelo contrário, um virgem que vive como poderoso, ou que visa aos primeiros lugares e exibe a si mesmo, que busca fama e visibilidade, é um pobre celibatário, que traiu a sua virgindade.

Alegria virgem

O virgem faz a experiência do amor pleno, descobriu em particular que não existe a solidão porque no fundo dessa encontrou o Emanuel, aquele que está *sempre* conosco.

Por isso é feliz, como conta o Padre Latourelle: "Senhor, durante as longas horas de aparente solidão, no quarto, diante da parede, diante dos meus livros e da página em branco que com esforço busco preencher, sei que não estou sozinho, mas que estamos a dois. Sei que estás comigo, intensamente presente, que me envolves no teu amor, e que lês, por detrás dos meus ombros, aquilo que esboço a respeito de ti e sou feliz".[9] O virgem oferece com discrição esta experiência e a felicidade que dela brota: está ali para isso, para deixar os outros contentes, derramando o vinho da alegria. E o celibato é este vinho novo, sinal inédito e forte, que dá a certeza de um amor-para-sempre aos incertos afetos terrenos.

E, então, chega daquelas autocomiserações (melo)dramáticas sobre a solidão do celibatário, talvez eiva-

---

[9] LATOURELLE, R. *Signore Gesù, mostraci il tuo volto,* Torino, 2004. Simpático enlace com o passado: "Como nos tempos do liceu, quando sozinho, com minha mãe que tricotava, estudava Homero e Virgílio, ambos presentes, ambos em silêncio e profundamente felizes... Senhor, tu estás sempre aqui e eu sou feliz porque estamos juntos".

das de uma sutil saudade da intimidade perdida e de uma mal escondida inveja de quem a pode gozar. Mas atenção também com aquela alegria um pouco artificial e forçada, mais exibida que vivida, que no fim não convence a ninguém, para não falar daquela alegria de gosto decididamente medíocre, ruidosa e no fundo amarga, do celibatário que tem necessidade de recorrer à trivialidade para mostrar-se desinibido acerca da sexualidade ou fingir ser superior ao problema, acabando por suscitar mais compaixão do que hilaridade.

A alegria do virgem é... alegria virgem, não contaminada, determinada unicamente pela certeza do amor e, então, pacata mas também contagiosa, não limitada à sensação privada do próprio bem-estar, mas capaz de gozar da alegria do outro, especialmente do amor que vê, sem inveja e ciúmes. Diz Rahner, com a habitual agudeza: "Só o celibatário que está em condições de se alegrar por um jovem casal compreendeu a sua vocação".[10]

O virgem não faz as vezes de patrão sobre a fé do outro (outro sinal de posse impura), mas é o verdadeiro "colaborador da alegria" (cf. 1Cor 1,24).

Obediência fraterna e amizade

O virgem sabe quanto é duro buscar a Deus ao longo dos caminhos tortuosos do próprio mundo interior, labirintos em que se arrisca continuamente a se perder e voltar ao ponto de partida (ao próprio eu), sabe que

---

[10] RAHNER, K. *Lettera aperta*, p. 22.

é fácil se enganar quando entra de permeio o coração, e então não presume de si, não o faz sozinho, mas se coloca à escuta da vida e dos outros, aquela escuta *ob-audiens* em direção a todos (não só aos superiores), que o torna uma autêntica pessoa que busca em cada indivíduo e evento todos os vestígios do Eterno.

Se a virgindade, depois, leva por sua natureza a amar todos intensamente em Deus, a ser amigo de todos, o virgem aprende a acolher o outro, qualquer outro, como o caminho ao longo do qual Deus chega a ele e ele a Deus. Por isso, se dispõe também a *obedecer ao seu irmão*.[11] Se uma amizade não é vivida com esta disponibilidade obediente, não é amizade verdadeira, é algo de impuro. Se a obediente não conduz a caminhar juntos, como irmãos e amigos, rumo ao mesmo objetivo, é só busca infantil de dependência ou mania de poder própria de adolescentes, e por fim involução narcisista sobre si. Ainda, em suma, algo de impuro (e imaturo).

A obediência fraterna é sinal adulto da obediência evangélica, e fruto maduro da busca virginal de Deus!

O virgem é um peregrino

Já dissemos que o virgem é um peregrino da relação. Isso porque o virgem deve anunciar a todo amante terreno que qualquer amor humano é penúltimo, que o esposo deve ainda vir, que todos estamos à espera, que

---

[11] Sobre a obediência fraterna, cf. A. CENCINI, *Fraternità in cammino*; Verso l'alterità. Bologna, 2001. pp. 89-113. [Trad. bras.: *Fraternidade a caminho*; Rumo à alteridade. São Paulo: Paulinas, 2003.]

não existe afeto de criatura que possa saciar e preencher completamente, que o nosso coração está inquieto até que não repouse nele...

Por isso, o virgem "não se apega" a lugares, papéis, ambientes, títulos, cargos, promoções, falsos brilhos, pessoas... ou àquilo que de algum modo ilude o coração e a mente com a ideia de ter encontrado ali paz para sempre. Ele não consuma amores escondidos, traidores e ilegítimos. Mantém o coração livre e jovem, não o sobrecarrega nas devassidões e orgias daquilo que o torna escravo, mantém-no sob a dieta inteligente,[12] para que possa continuar a andar por toda parte, a fim de anunciar a quem quer que seja que o esposo está para vir, antes, que já veio, que é possível vê-lo e senti-lo, ele o encontrou...

A virgindade é humildade

Sabemos o quanto os Padres reprovaram certos e certas virgens pela soberba com que viviam a sua escolha, quase que se sentindo superiores aos outros. Alguns deles, como São Jerônimo, Santo Agostinho e São Bernardo, chegaram a dizer que "é melhor um incontinente humilde do que um virgem orgulhoso".[13] Na realidade, virgindade e presunção de si constituiriam uma autêntica contradição e um contraste inconciliável: uma exclui a outra.

---

[12] "Deus não concedeu o corpo para que sirva de obstáculo com o seu peso... Uma carne mais leve ressuscitará mais depressa" (TERTULIANO, O jejum, 17: PL 2,978).
[13] Cf. CANTALAMESSA, Verginità, 75.

Para ser virgem é essencial a consciência da própria incapacidade de viver a virgindade. Quem vangloria-se e diz que não tem problemas nesta área *é ele mesmo um problema*, porque lhe vem a faltar a experiência fundamental através da qual a fraqueza humana se torna lugar da graça.

Quantas vezes tal experiência, vivida justamente no âmbito da afetividade-sexualidade, não se torna depois providencial, abatendo aquela presunção narcisista (e luxuriosa) que impedia entrar na intimidade com Deus, de experimentar a sua ternura, de deixar-se carregar sobre os ombros do bom Pastor![14] Quantos virgens se tornaram tais apenas depois de terem experimentado a amargura da culpa, só depois de haver sofrido e acolhido até no mais profundo a sua fragilidade e impotência, descobrindo exatamente nela a realidade de um amor inédito, mais forte do que toda a fraqueza, e também muito pessoal...[15] A virgindade – não o esqueçamos – é sobretudo experiência de amor superabundante, de benevolência não merecida, experiência que muitas vezes acompanha e segue justamente a queda.

Por isso, o virgem é também o tipo manso e misericordioso, não levanta a voz, não quebra a cana rachada, nem apaga a chama que fumega; tem o carisma

---

[14] "Não só tu te preocupaste comigo, porém, mais, tu te encaminhaste à minha procura; não só tu me encontraste, ó tu que fazes maravilhas, mas por uma bondade indizível do teu amor tu me trouxeste sobre teus ombros vivificadores e tu me agregaste ao exército celeste na herança do teu Pai" (GREGÓRIO DE NAREK, *O livro das orações*, SC 78 (1961), Oração 15, 112).

[15] "As minhas misérias? São uma festa para a tua misericórdia, meu Deus" (TORRE MEDINA, *Ni soltero, ni estéril, ni sin amor*, 17).

da delicadeza para com quem erra, especialmente se é outro virgem, por causa da fraqueza da carne.

Maranà tha

Se a virgindade abraça toda a vida, ela é também um modo de ir ao encontro da morte. Ou melhor: a virgindade significa morte nos confrontos de um instinto que é o sinal da vida, enquanto somente quem "vive" a *mortificação* a cada dia é fiel à escolha virginal.

Então, a morte não chega de improviso e sinistra, mas é, de algum modo, esperada e preparada, como o encontro com o Amado, como a celebração das núpcias eternas com aquele que o coração desejou todos os dias sempre mais...

O virgem "morre" quando não é mais ele a viver, mas Cristo que vive nele (cf. Gl 2,20), ou quando toda a sua vida e a sua pessoa, a sua carne e os seus instintos, a sua sexualidade e afetividade..., tudo nele não exprime mais que uma só oração ou grito angustiado:

"Maranà tha, vem, Senhor Jesus!".

Espiritualidade patrística
Virgindade como radicalidade evangélica

"Ou escrevendo, ou calando, temos uma única missão: conservar no nosso coração a memória da tua dignidade e implorar ao Senhor que te conceda alcançar o fim da carreira da tua boa conduta, segundo as tuas escolhas iniciais. Na verdade, não é luta fácil, para quem fez um voto, atingir alguma coisa que vai além do seu voto. O escolher uma conduta segundo o evangelho é de todos; mas, depois, observá-la até nos mínimos detalhes e não descuidar de nada daquilo que lá está escrito, isto foi alcançado verdadeiramente por poucos (ao menos, entre os que conhecemos): ter a língua refreada e o olho educado segundo o querer do evangelho; trabalhar com as mãos com o único fim de agradar a Deus; mover os pés e fazer uso de algum membro segundo aquele fim que desde o início o nosso Criador dispôs; ter modéstia no vestir-se; precaução no encontro com os homens; frugalidade na alimentação; nada de supérfluo na posse das coisas necessárias. Estas coisas parecem pouco simplesmente ao mencioná-las, mas requerem grande esforço para serem realizadas, como experimentamos na realidade. Também o ser perfeito na humildade, de modo a não recordar o esplendor dos antepassados, e não se ensoberbecer se, por acaso, da natureza, nos vem algum motivo de vanglória, seja com relação à alma, seja com relação ao corpo, e não fazer disso motivo de vaidade e ostentação em virtude da opinião que os outros têm de nós. Tudo isso é próprio da vida segundo o Evangelho. Ainda: constância na abstinência, diligência nas orações, comiseração no amor para com os irmãos, liberalidade para com os necessitados, humildade no pensamento, contrição do coração, retidão da fé, impassibilidade na dor, enquanto a nossa mente nunca abandona a lembrança daquele tribunal terrível e inevitável, diante do qual todos compareceremos, mas do qual pouquíssimos se lembram, e no qual pouquíssimos pensam."

(BASÍLIO, Ep. CLXXIII à religiosa Teodora. *Epistolario*, Alba, 1968, pp. 469-470.)

"A prostituta é mais justa do que tu..."

"Pois que me deste a graça de trabalhar para a tua Igreja, protege os frutos do meu cansaço. Tu me chamaste ao sacerdócio quando era um filho perdido, não permitas que eu me perca agora que sou padre. Sobretudo, dá-me a graça da compaixão. Dá-me saber comiserar-me dos pecadores do profundo do coração. Porque é essa a virtude suprema [...]. Dá-me ter compaixão todas as vezes que for testemunha da queda de um pecador. Que eu não o reprove com arrogância, mas que chore e me aflija por ele. Faze que, ao chorar sobre o meu próximo, eu chore sobre mim mesmo, e a mim aplique a palavra: a prostituta é mais justa do que tu."

(AMBRÓSIO. *A penitência*, II,8,67.63: PL 16,431.)

"Aprende dele, manso e humilde de coração"

"Quanto a ti, ó alma piedosa e casta, que não cedestes ao apetite carnal e te privastes do casamento, que ao corpo corruptível fadado a perecer não concedeste sequer a esperança de sobreviver através da geração de uma posteridade; que elevaste os membros caídos e terrestres aos costumes do céu. Oh! Não serei eu que te enviarei para aprender a humildade junto aos publicanos e pecadores, [...]. É ao rei do céu que eu te envio, aquele por quem os homens foram criados, [...]. Envio-te *ao mais belo entre os filhos dos homens;* e que foi desprezado pelos homens por amor aos homens, àquele que, sendo Senhor dos anjos imortais, não desprezou vir ser servo dos mortais. Certamente, não foi a iniquidade que o tornou humilde, mas sim a sua caridade, *a caridade que não é invejosa, que não se incha de orgulho, que não procura o seu próprio interesse.* Porque *Cristo não buscou a sua própria satisfação, mas, conforme está escrito: os insultos dos que te injuriavam caíram sobre mim.* Vem, pois, junto a ele e aprende como é manso e humilde de coração. Não irás junto daquele que sob o peso da própria iniquidade não ousava levantar os olhos ao céu; mas junto daquele que desceu do céu, levado pelo peso de sua caridade. Não irás junto daquela que, na busca do perdão de seus crimes, derramou lágrimas sobre os pés de seu Mestre; mas irás junto daquele que, após ter concedido o perdão de todos os pecados, lavou os pés de seus servos. Não te dou como modelo o publicano que se acusa humildemente de suas faltas; mas eu receio para ti o fariseu que se vangloria orgulhosamente de seus méritos. Não te digo: sê como aquela sobre a qual foi dito: *Seus numerosos pecados lhe são perdoados, porque ela demonstrou muito amor,* mas eu receio que teu amor se arrefeça por te ser perdoado pouca coisa."

(AGOSTINHO. *A virgindade consagrada,* 37.38, pp. 135-136.)

Espiritualidade moderna
O destino eucarístico do corpo

"Para ser autenticamente cristão, o celibato não pode ser apenas abstinência genital, mas deve ser acompanhado de todas aquelas dimensões que configuram a existência evangélica, a existência na carne do Filho de Deus, Jesus: desapego de si, pobreza, obediência, aceitação do outro, na perspectiva eucarística do corpo dado, oferecido a Deus e aos outros... O corpo humano tem um destino 'eucarístico' bem mais amplo do que qualquer integridade física.

O celibato casto é, então, antes de tudo, abertura ao futuro, é um permanecer disponível para si e para o Outro, é espera da união verdadeira e definitiva, aquela que dará todo o seu sentido à nossa existência: as núpcias eternas da humanidade com Deus. Aqui está o grande valor e a verdadeira eloquência do celibato casto; o horizonte escatológico, a vinda definitiva do Senhor, a transfiguração de toda a criação."

(BIANCHI, E. Indagine sulla castità necessaria. *Avvenire*, 20/1/1996, 20.)

Aquele fogo no centro da alma

"O amor suporta tudo, exceto uma coisa: que a ele se ponham limites. Ele vive de movimento; caso se venha a refreá-lo, entristece e morre. Ele tem origem em Deus, e Deus é vida eterna sem limites. Um amor que não permanecesse vivo, aberto ao além e ao ulterior, não seria absolutamente amor. Ele pode respirar só na infinidade do amado e na possível superação de si mesmo. 'Com toda a alma' jamais pode significar para o amor que alguma vez se atinja o máximo da dedicação e que, por isso, seja condenado a perseverar eternamente neste grau de saturação. Não pode jamais significar que se veja chegado ao limite extremo da sua capacidade de amar (já que a alma, o espírito, as forças são para sempre limitadas) e se possa contentar com o pensamento de ter cumprido seu dever de amar...

A íntima vida de amor não é de modo algum concebível sem o ritmo do crescendo, da sempre nova abertura e vivacidade. Nunca ele se doou com suficiência, nunca chega ao fim sua força inventiva para preparar novos prazeres ao amado, nunca está satisfeito consigo e com suas ações a ponto de não buscar novas provas de amor, nunca reconheceu plenamente a essência do amado a ponto de não estar ansioso por novas descobertas e surpresas [...].

Aquele que verdadeiramente ama, que vive inteiramente para o amor, não possui mais nenhuma esfera privada para si, a ser subtraída ao amor e ao seu serviço. Ele não pode tratar o amor como algo de penúltimo na sua mente, não pode assinalar-lhe na própria alma um espaço bem delimitado, não pode pôr-lhe à disposição uma parte limitada das suas forças. Ele deve deixar que este fogo tome posse também do ponto central da própria alma. Ele não pode fazer outra coisa senão oferecer em dom ao amado todo o seu eu em união com todas as suas forças. E, para o futuro, ele não quer mais ter como regra e lei de sua vida nada senão aquilo que o amado lhe devolve como lei e regra. Ele terá como sua maior *riqueza* aquela de não possuir nada mais senão aquilo que o amado lhe dá. E verá como sua máxima *fecundidade* aquela de estar pronto exclusivamente como recipiente para qualquer semente fecundante do amado."

(VON BALTHASAR, H.U. *Gli stati di vita de cristiano*. Milano, 1985, 23-24.25.)

Poesia virgem

Os Teus braços..., a Tua mão

Dia após dia
cresce o rio
que flui me polindo.
Deixo-me conduzir sereno
à foz
entre os Teus braços.
A minha vida não será
senão um trêmulo fruto
pacientemente à espera
que a Tua mão o colha.[16]

---

[16] PEIRANO, M. *La via*, p. 31.17.

CONCLUSÃO

❄

Se é verdade que cada um é o primeiro responsável pela própria formação (permanente), também é verdade que, depois, cada um tem seu modo pessoal de levá-la avante para que seja caminho de real amadurecimento.

Pois bem, se me é permitida a confidência, o escrever é sempre mais, para mim, o meu modo de me deixar formar pela vida. E, sem dúvida, não porque o escrever me seja fácil tal como alguma coisa instintiva (é exatamente o contrário), ou seja, algo que sempre fiz e que sempre me sai bem (no colégio, era muito fraco no italiano escrito), ou uma vocação que escolhi (são as circunstâncias da vida que me pediram isso) e que ocupa agora todo o meu tempo (seria um luxo, o qual não posso me permitir). Em particular, o escrever um livro como este foi para mim ocasião providencial, mas também provocante, neste sentido.

O que pretendo dizer? Que cada celibatário por causa do Reino dos céus poderia escrever o seu livro sobre a virgindade, lá onde "escrever" não significa necessariamente, contudo, entregar um livro à imprensa, mas fazer a simples crônica ou perigosa, e contente, contemplação de si.

Escrever o próprio livro, para um virgem, significa repensar aquela história absolutamente única-singular-irrepetível que o eternamente Amante inventou para lhe revelar o seu próprio coração. Escrever é repercorrer com a memória precisa e penetrante aquela história ou lançar-se até o fim, à... pré-história, ou seja, àquela cadeia de acontecimentos, pessoas, circunstâncias através dos quais nos chegou um amor de todo imerecido e que também nos preenche, excedente por toda parte. Escrever é fixar de modo definitivo os sinais deste amor dentro de uma estrutura histórica coerente, que é a "própria" história, para experimentar comoção, gratidão, acolhimento, arrependimento, desejo de responder amando, isto é, com plena liberdade, aquele que deriva da certeza absoluta de ter sido amado, desde sempre e para sempre. Escrever é ler e interpretar a vida para além das aparências, para depreender a trama sutil tecida pelo amor, que dá sentido a tudo, justamente a tudo, também aos cansaços e contradições e assimetrias do viver, porque o amor e só o amor pode transformar o mal em bem, a ferida em bênção, o insensato em significativo, as trevas em luz, a recusa em acolhimento... Escrever é fazer poesia ou deixar-se inspirar pela inteligência do coração, porque certas coisas só podem ser vistas e expressas com aquela inteligência, a inteligência *poética,* o olhar do místico.

Estou sempre mais convencido de que para cada ser vivente a própria história é a prova mais evidente, porque a mais pessoal, do amor eterno. Ter tal certeza histórica é condição radical para fazer uma escolha de virgindade. Ser virgem é "escrever" este amor sobre a própria carne ou... encontrá-lo já escrito por um Outro. E decidir pertencer a Ele... Para sempre.

Na *Introdução,* disse que este livro foi escrito por muitas pessoas. E assim é, se por "escrever" entendemos, em primeiro lugar, tudo isso. É consolador, nestes tempos tão incertos e cépticos, frios e pobres de amor, sentir-se parte desta fila de fiéis que, em todas as estações da história, viveram desta maneira, embora na fraqueza da carne, o amor eternamente Amante. E no-lo contaram, também sem temer fazer ressaltar a fraqueza, que, pelo contrário, acaba por fazer aparecer ainda mais a graça que antecipa qualquer mérito nosso, aquela graça que nos torna pré-diletos, amados desde sempre, desde sempre inscritos nas mãos do eterno com as letras do alfabeto do amor.

Este livro é uma destas histórias. Pequena, mas verdadeira. E se torna, então, uma espécie de convite a escrever, sobretudo, a contar para si e, depois, também para os outros, como Deus pode se tornar o esposo, o amigo, o nome mais belo, o colo acolhedor, o beijo eterno que nos gerou e que continua a nos dar à luz. Escrever para não se esquecer, para manter vivo o amor, para que não seja perdido nem sequer um fragmento da ternura do Pai-Deus, para que a virgindade continue a contar a poesia do amor, e a plasmar em nós um coração em que Deus possa encontrar uma morada... para sempre.

Escrever para entregar aos outros a própria paixão, para que a coragem de empreender esta aventura seja mais forte nos nossos jovens do que todo o medo e incerteza.

Então, este escrever se torna parte e expressão de um autêntico caminho de formação permanente. Como algo que se enriquece a cada dia com significados ulteriores, com novas descobertas, com fascínio inédito.

Por isso, gostaria de concluir esta reflexão a muitas vozes recorrendo, de novo, à poesia, desta vez não de um religioso desconhecido da maioria, mas de um bispo muito popular, Dom Pedro Casaldáliga, e a uma poesia sua, de título um tanto prosaico e com a dedicatória inequivocável, quase uma entrega desta mesma reflexão a quem, por dom do alto, está fazendo uma escolha de virgindade, a escolha de amar o Amor "com todo o corpo".

Talvez, seja justamente este o modo de gerar filhos típico do virgem!

Aviso prévio àqueles jovens que aspiram a ser celibatários[1]

Será uma paz armada, amigos,
será toda a vida uma batalha;
porque a cratera da carne só se cala
quando a morte fizer calar as suas brasas.

Sem fogo na lareira e com o sonho mudo,
sem filhos sobre os joelhos e a serem beijados,
sentireis às vezes o gelo ao redor de vós,
e sereis beijados muitas vezes pela solidão.

---

[1] No original, *Aviso previo a unos muchachos que aspiran a ser célibes*.

Não deixareis o coração sem núpcias.
Devereis amar tudo, todos, todas,
discípulos Daquele que amou por primeiro.

Perdida pelo Reino e conquistada,
será uma paz tão livre quanto armada,
será o Amor amado com todo o corpo.²

---

² CASALDÀLIGA, P. Apud TORRE MEDINA. *Ni soltero, ni esteril, ni sin amor*. México, 2001. p. 25.

SUMÁRIO

❄

PREFÁCIO 7

INTRODUÇÃO 15

I. SENTIDO DE UMA ESCOLHA 21
   Significado fundamental 22
   Para uma verificação inicial 26
   Espiritualidade patrística 33
   Espiritualidade moderna 35
   Poesia virgem 38

II. O DOM DA VIRGINDADE 39
   Dom para todos 40
   A responsabilidade do virgem 45
   Alternativa resoluta 48
   Espiritualidade patrística 53
   Espiritualidade moderna 54
   Poesia virgem 58

III. SEXUALIDADE: MISTÉRIO E VOCAÇÃO 59
   Origem: dom divino 62
   Características: centralidade e invasão 63
   Componentes: do genital ao espiritual 65
   Funções e valores: o dom criador 71
   Espiritualidade patrística 73
   Espiritualidade moderna 75
   Poesia virgem 80

IV. SEXUALIDADE IMATURA 81
   Em nível evolutivo 83
   Em nível de conteúdo 87
   Espiritualidade patrística 98
   Espiritualidade moderna 101
   Poesia virgem 105

V. "FELIZES OS PUROS DE CORAÇÃO" 107
   "... os puros de coração" 109
   "Bem-aventurados..." 117
   "... porque verão a Deus" 119
   Espiritualidade patrística 121
   Espiritualidade moderna 124
   Poesia virgem 129

VI. A ALEGRE NOTÍCIA DA CASTIDADE
    EVANGÉLICA 131
   O "evangelho" da castidade 132
   O mistério do coração casto 134
   A verdade do corpo casto 137

Espiritualidade patrística................................. 143
Espiritualidade moderna............................... 145
Poesia virgem 149

VII. VIRGINDADE COMO SEXUALIDADE PASCAL...151
Aquele misterioso ligame...................... 153
Aquela "passagem" obrigatória...................... 157
Aquela ferida pascal.. 163
Espiritualidade patrística................................. 166
Espiritualidade moderna............................... 169
Poesia virgem 172

VIII. APAIXONADOS POR DEUS 173
Sedução estranha... 175
Consciência de si... 176
Nascimento da liberdade 177
Extensão dos confins.. 179
Maturação da identidade 181
Crescimento na liberdade afetiva.................... 182
Coragem de permanecer................................. 184
Presença-ausência 185
Espiritualidade patrística................................. 188
Espiritualidade moderna...............................191
Poesia virgem 195

IX. CRISE AFETIVA: GRAÇA OU FRAQUEZA.......... 197
Tipologia das crises (ou das pessoas em crise) ... 199
Viver a crise.. 204
Um(a) irmão(ã) que se coloca ao lado..............217

Espiritualidade patrística 219
Espiritualidade moderna 221
Poesia virgem 226

X. LIBERDADE AFETIVA 227
   O conceito: atração e atuação da verdade 228
   O dinamismo: a integração afetiva 230
   O estilo 236
   Paradoxo e mistério 237
   As raízes 240
   Espiritualidade patrística 242
   Espiritualidade moderna 244
   Poesia virgem 248

XI. A RELAÇÃO DO VIRGEM 249
   Peregrino da relação 250
   Estilo relacional virginal 252
   Espiritualidade patrística 262
   Espiritualidade moderna 264
   Poesia virgem 271

XII. A VIRGINDADE NA VIDA (E NA MORTE) 273
   Conflito consciente e inconsciente 274
   Virgindade como estilo de vida 277
   Espiritualidade patrística 286
   Espiritualidade moderna 289
   Poesia virgem 292

CONCLUSÃO 293

Rua Dona Inácia Uchoa, 62
04110-020 – São Paulo – SP (Brasil)
Tel.: (11) 2125-3500
http://www.paulinas.com.br – editora@paulinas.com.br
Telemarketing e SAC: 0800-7010081